# Eva Perón

# Eva Perón
# No llores por mí

Silvia Miguens

PANAMERICANA
EDITORIAL

Miguens, Silvia, 1950-
    Eva Perón / Silvia Miguens. — Bogotá:
Panamericana Editorial, 2004.
    116 p. ; 21 cm. — (Personajes)
    ISBN 958-30-1439-7
    1. Perón, Eva, 1919-1952 I. Tit. II. Serie.
927.92 cd 20 ed.
AHU8490

        CEP-Banco de la República-Biblioteca Luis Ángel Arango


Editor
Panamericana Editorial Ltda.

Dirección editorial
Conrado Zuluaga

Edición
Adriana Paola Forero Ospina

Diseño, diagramación e investigación gráfica
Editorial El Malpensante

Cubierta: María Eva Duarte en un retrato promocional. Circa 1940.
© Hulton Archive • Getty Images.

Primera edición, noviembre de 2004
© Panamericana Editorial Ltda.
    Texto: Silvia Miguens
Calle 12 N° 34-20, Tels.: 3603077–2770100
Fax: (57 1) 2373805

Correo electrónico: panaedit@panamericanaeditorial.com
www.panamericanaeditorial.com
Bogotá D. C., Colombia

ISBN 958-30-1439-7

Impreso por Panamericana Formas e Impresos S. A.
Calle 65 N° 95-28, Tels.: 4302110–4300355, Fax: (57 1) 2763008
Quien sólo actúa como impresor.
Impreso en Colombia
*Printed in Colombia*

> **"Volveré y seré millones".**
>
> *Eva Perón*

# Una introducción necesaria

María Eva Duarte Ibarguren, como tantas adolescentes durante la década del treinta, se fue de su pueblo a conquistar Buenos Aires. Tenía por entonces quince años y corría el año de 1935. No tardó mucho en convertirse en actriz de radionovelas, teatro, cine y publicidad; pasando así de la extrema pobreza a la fama, y lograr, apenas diez años más tarde, un gran espacio de poder que la llevaría a la gloria o por lo menos al mito. En esos años se convierte en Eva Duarte, actriz y portada de todas las revistas de la época, poco después en María Eva Duarte de Perón o Eva Perón, primera dama de los argentinos, y definitivamente en "Evita".

Las mujeres, por lo general, ejercen y conciben la política de un modo tal que no parece asemejarse al modelo masculino. Esto era más cierto por aquellos tiempos. Eva Duarte Ibarguren, para ejercer su liderazgo, comenzó a acercarse a la gente desde su "ser débil", como lo establecía el mandato de la sociedad respecto a la mujer. Pero como por naturaleza e historia familiar Evita no se ajustaba a ese modelo de mujer, se hizo eco del lenguaje de los débiles, tomó la voz de los sometidos y los marginados, redefinió el papel de la mujer, no sólo como pilar fundamental del bienestar de la familia, sino como protagonista en la vida política, como trabajadora y ciudadana. Deviene entonces, en un mito de tal magnitud que aún hoy provoca odio o veneración, pero nunca la indiferencia o el olvido.

Los hombres no sólo han ignorado, o al menos no han reconocido en su verdadera dimensión, la importancia y necesidad de la participación de la mujer como juez y parte de la sociedad, sino que saben que la pobreza existe por la ambición exagerada de los más pudientes; sin embargo, no siempre han actuado o pensado sensiblemente, desde la piel y el dolor, en las causas y en el trasfondo de éstas. Quizá por su capacidad de observación o por haber padecido ella misma esa pobreza y la condena de los poderosos —directamente ejercida por Juan Duarte sobre la familia de Juana Ibarguren, que practicaba la paternidad de una manera mezquina— desde esos orígenes, desde esa historia familiar y personal y quizá también desde el resentimiento, es que Eva trae puesta desde siempre su mirada en una sola dirección.

Reconozco que lo supe casi de golpe sufriendo —dijo Eva—, y declaro que nunca me pareció natural ni lógico. Sentí entonces en lo íntimo de mi corazón algo que ahora reconozco como sentimiento de indignación. No comprendía el afán de los ricos por la riqueza, esa era la causa de la injusticia social. Pensar en eso me produjo siempre una sensación de asfixia, como si me faltase el aire suficiente para respirar. Es cierto que la gente se acostumbra a la injusticia social en los primeros años de vida, se acostumbra a verla y sufrirla como es posible acostumbrarse a un veneno. Desde los once años, cuanto tuve conciencia de este mal, nunca pude acostumbrarme.

¿Puede un pintor explicar por qué ve y siente los colores? —intenta Eva justificar— ¿Puede un poeta decir por qué es poeta?...Tal vez por eso yo no puedo decir jamás por qué siento la injusticia con dolor, por qué nunca terminé de aceptarla. Creo que así como algunas personas tienen una especial disposición del espíritu para sentir la belleza más intensamente que los demás y son por eso poetas, pintores o músicos, ha nacido conmigo una particular disposición del espíritu que me hace sentir la injusticia de manera especial, con una dolorosa intensidad. Mi sentimiento de indignación por la injusticia social es la fuerza que me ha llevado de la mano desde mis primeros recuerdos a medida que avanzaba en la vida el problema me rodeaba cada día más. Tal vez por eso intenté evadirme de mí misma. Quería no ver, no darme cuenta, y me entregué intensamente a mi extraña y profunda vocación artística.

Desde dónde contar entonces a Eva Perón, con cuáles voces, la de sus detractores, la de sus seguidores, el pueblo trabajador, la voz de los niños o las mujeres; desde el sueño de una muchacha pobre que escapa del terruño a la gran ciudad y se convierte en actriz de renombre; desde la participación de la mujer en la historia argentina, latinoamericana o la del mundo; desde la historia de la reivindicación de los derechos, no sólo de la mujer sino también del hombre; desde el amor, aunque desde qué amor, el amor a la patria, a los hijos, al hombre, a las otras mujeres; desde el odio a los gestores del hambre, la muerte; desde la justicia social o la injusticia; desde el liderazgo y las implicaciones que conlleva; desde el poder adquirido por Evita y el que dejó escapar o que le fuera quitado; desde su manifiesta impiedad contra enemigos y traidores; desde la conciencia de clase y de los enemigos de clase que se ganó; desde las milicias obreras que deseó; desde la mujer que votó e indujo a votar; desde el cáncer; desde su cadáver profanado y viajero. Desde qué costado verla, con qué mirada que aún no haya sido visto y observado el mito Eva Perón.

## Una belleza particular

María Eva Duarte era de una belleza bastante corriente para la época, pero su implacable pasión y energía, su tenacidad, fuerza y convicción le otorgaron una hermosura particular convirtiéndola en un modelo a seguir o imitar, a odiar o amar, y siempre a admirar como exponente curioso de una época en que las mujeres se debatían entre sus deberes y sus derechos. En el caso de Eva, si bien la esposa del tres veces presidente de Argentina, don Juan Domingo Perón, fue también una esposa devota y enamorada no tan distinta a los patrones de la época, no cabe ninguna duda de que fue una mujer de armas tomar, una consorte ciertamente difícil, una compañera no tan sencilla de llevar y mucho menos de dominar.

A los treinta y tres años se convirtió en leyenda no sólo por su carácter y trayectoria en la lucha social, sino porque ese mismo temperamento obstinado e irrefrenable, la condujo inexorablemente a la muerte un 26 de julio de 1952. Amada y odiada con igual vehemencia, María Eva Duarte Ibarguren, Eva Duarte, Eva Perón, definitivamente "Evita", es una figura mítica y de gran relevancia para los argentinos y particularmente emblemática en la historia de la mujer latinoamericana. No existe ninguna de sus contemporáneas tan presente o perdurable en la memoria colectiva.

Eva pertenece a la patria de las luchas y a la patria del folletín, así se dio y así lo fue gestando desde el comienzo. Esa María Eva, hija natural y pobre del comienzo, la adolescente que se va de la casa para conquistar el teatro y el cine, esa de la farándula, intentó ser levemente atenuada hasta por sí misma. Es que la Eva Duarte de la tapa de las revistas vistiendo la camiseta de Boca Juniors, la de La Cabalgata del Circo, o la de piernas y hombros descubiertos de las portadas de la revista Cine Argentino, no era compatible con aquella otra, "la abanderada de los pobres" y embajadora del peronismo en la Europa de postguerra; la figura de la muchacha que llega a Buenos Aires desde una pequeña ciudad del interior con sólo una caja de cartón, no se parece en nada con la figura de esa otra, feroz y aguerrida, que haciendo demagogia según algunos y un importante trabajo social según otros, repartía máquinas de coser porque tenía plena conciencia de la imperiosa necesidad del trabajo productivo de las mujeres. Por obligación, en casos como el de su madre, y por derecho incuestionable en todos los casos.

Ese viaje de iniciación fundacional del mito de Eva, desde la inocencia rural hacia la gran ciudad donde reina la farándula, ha sido estudiado e investigado en función de su universalidad. Por tanto, esa prehistoria de Eva que se pretendió ocultar y olvidar no es sino la prehistoria del peronismo. De ahí que no sólo Evita sino también el peronismo tengan una doble patria, una doble fuente. Una, estudiada por el pensamiento social y el ensayo político, que se afinca en el origen de las luchas sociales, su cultura y su memoria política; otra, basada en la cultura del folletín como estilo narrativo que muestra gestos y características que entrelaza con las figuras canónicas de la pobreza, el abandono, la caída, la venganza, la redención; porque el folletín como estilo cuenta y muestra la historia de los sentimientos puros del común de habitantes de una ciudad, ciudad de conventillos y luchas sociales. Esta doble fuente del peronismo, sin duda, tiene su síntesis en Evita.

Y como no se concibe a Evita sin la historia del radioteatro y la cinematografía argentinas, por añadidura no puede entenderse el peronismo, difícil de comprender, si no se lo observa a partir de los lenguajes que animaban el celuloide y la radio de los años 40. Evita es la radio, que tuvo un antes y un después de Evita. Las imágenes de su sepelio son de las primeras que transmite la televisión argentina. El último día de Evita es casi el primero de la televisión argentina, y de algún modo también el fin de una etapa, no sólo de la radiofonía sino del peronismo. Evita entonces pertenece a esa doble patria de los argentinos y podría decirse de los pueblos de América Latina conformada por las luchas sociales y el folletín popular. No se entendería, pues, una patria, la de las luchas sociales, sin la otra, la del folletín popular. Nada se comprendería de la lucha de esos días, sino se investiga o trabaja en los lenguajes con los cuales se ha llegado a esa lucha.

# INFANCIA Y ADOLESCENCIA

Eva Duarte nació el 7 de mayo de 1919, en el campo La Unión, en la provincia de Buenos Aires de la República Argentina. El pueblo más cercano, General Viamonte, había sido creado en 1893 a la vera de la estación del ferrocarril que llamaron Los Toldos, por su proximidad a la toldería del cacique Coliqueo. Fueron los británicos quienes propiciaron la instalación del ferrocarril argentino para que los productos del campo fuesen transportados con mayor rapidez hasta el puerto de Buenos Aires y luego a Europa.

Para cuando nace Evita, el pueblo de Los Toldos contaba con 3 mil habitantes, una sucursal del Banco de la Nación, correo y escuela y unas pocas casas arboladas. Algunos campos, muy codiciados por cierto, pertenecían a vecinos acaudalados y poderosos, aunque muchos de los propietarios residían en la capital, apenas a 200 kilómetros. Era un pueblo quieto y de vida monótona donde apenas circulaban los pocos dueños de la tierra y los peones que la trabajaban, mano de obra muy barata. Muy pocas noticias llegaban por esos tiempos. Ni siquiera acerca de la sangre derramada en la capital, en la llamada "semana trágica" durante la presidencia de Hipólito Irigoyen; ni del reclamo, en Buenos Aires, de ocho horas de trabajo para los actores que, ante el repudio de los empresarios teatrales, mantienen los teatros cerrados; tampoco del estallido de conflictos agrarios en La Pampa. El amanecer del 7 de mayo de 1919, la comadrona india Juana Rawson de Guaquil, corre a casa de doña Juana Ibarguren, para asistirla en el parto de su hija menor María Eva.

## Un padre que no presta el apellido y velorio accidentado

El padre de la niña, el estanciero Juan Duarte, era arrendatario del campo La Unión donde la señora Ibarguren trabajaba de mucama. Duarte, que vivía en Chivilcoy con su esposa legítima y sus hijos, regentaba un alto cargo político del que fue destituido por malversación de fondos. Eva no conoció a su padre sino hasta que éste murió tras un accidente automovilístico. Nunca la reconoció, al igual que a sus hermanos. Cuando Juana Ibarguren llega al velorio de mano de sus hijos, la familia Grisolía, esposa e hijos del difunto, llamados "legales", no dejaron entrar a la familia de Evita, considerada "ilegítima". Sin embargo, el intendente de Chivilcoy, hermano del propio difunto, intercedió para que pudiesen entrar al recinto y posteriormente al entierro.

Juan Duarte pertenecía a una familia de hacendados conservadores que formaba parte de la alta sociedad de una pequeña ciudad de provincia llamada Chivilcoy a unos 200 kilómetros de Buenos Aires, casado con Estela Grisolía, nacida en el seno de otra estirpe de latifundistas e hija del por entonces alcalde de la ciudad. Del matrimonio nacieron tres hijos. Por razones desconocidas, Juan Duarte abandona el hogar y se instala en General Viamonte a unos treinta kilómetros de Chivilcoy, pueblo que tomó auge gracias a la estación de ferrocarril Los Toldos, creada en 1893 en las proximidades del legendario campamento del mismo nombre. Duarte se hace cargo de la administración del campo La Unión de una tal familia Malcom, recibiendo un porcentaje de las ganancias y unas parcelas, considerándosele así estanciero.

La abuela de Juana Ibarguren había llegado a Los Toldos durante la campaña contra los hombres del cacique Coliqueo, y tuvo una hija que convivió con un "carrero", Joaquín Ibarguren. De esta unión libre nace la que fuera madre de Eva y que apenas a sus quince años se enamora del estanciero Juan Duarte, de treinta. Se dice que Duarte compró a Juana a su padre, quien por entonces era "puestero" en La Unión —nada raro en esa época, por cierto, como tristemente tampoco era raro que un hombre mucho mayor eligiese como mujer a una adolescente y no se casara con ella—. Podría decirse, como antes se hablaba, que Duarte "engendró cinco hijos en Juana Ibarguren". Sin embargo, en las partidas de nacimiento ella registra a cada uno de sus hijos sólo con su apellido, pues Juan Duarte jamás los reconoce.

Pese a que en algún momento parecen haber sido fraguados los documentos, los únicos datos son los del acta de bautismo de la Iglesia de Nuestra Señora del Pilar:

En veinte y uno del mes de noviembre del año mil novecientos diecinueve, el presbítero Carmelo Micone bautizó a María Eva, que nació el 7 de mayo del año mil novecientos diecinueve, hija natural de Juan Duarte, natural del país, y de Doña Juana Ibarguren, natural del país, domiciliados en este partido, siendo sus padrinos Don Antonio Ochotorena y Doña Paz Mitochorena. El capellán encargado, presbítero Micone.

Pasaron los años y Juana Ibarguren, pese a los tantos comentarios suscitados a su alrededor acerca de sus hijos y de ella misma, no se amedrentó. Consiguió para su hijo Juan un empleo como dependiente de una tienda; y para su hija Elisa, por recomendación de algunos amigos de Juan Duarte pertenecientes al partido conservador, un puesto de auxiliar en la oficina de correos; Blanca, la mayor, estudiaba en la Escuela Normal Provincial. Juana logró, pues, cubrir las necesidades de sus hijos, dándoles un hogar y estudio.

El 8 de enero de 1926, cuando Juana recibe la noticia de la muerte de Juan Duarte, viste de riguroso luto a cada uno de sus hijos. Blanca tenía por entonces dieciocho años, Elisa dieciséis, Juan doce, Erminda diez y María Eva, seis.

## La muñeca de la pierna rota

Por aquellos días de tristeza y marginación María Eva, menuda, de cabello oscuro y piel mate, mostraba ya gran carácter aunque era un poco introvertida. Según sus hermanos se entretenía haciendo malabarismos en el patio; era intuitiva, percibía fácilmente aquello que la gente sentía o necesitaba, así como extremadamente sensible y quizá por esto más expuesta al abandono o al maltrato. Tal vez por ser la menor se dice que era la más cariñosa, alegre y decidida, pero por sobre todas las cosas muy despierta.

En un testimonio escrito, su hermana Erminda recuerda que un 6 de enero, y siendo la más pequeña, a María Eva le habían sugerido pidiera a los Reyes Magos algún juguete importante. Ella quiso una muñeca. Ese día saltó de la cama y corrió hasta sus zapatos puestos en orden y muy juntitos en la sala, tal como hacen todos los niños argentinos que aún hoy siguen la tradición, y de hecho la esperaba una hermosa muñeca, alta como ella pero con una pierna rota. Seguramente la habían recibido de alguna familia de recursos o quizá se quebró durante una mudanza. Quisieron consolarla diciendo que era probable que alguno de los Reyes Magos la hubiera dejado caer del camello a lo que Eva respondió: "¿Es que acaso andan mirando una estrella sin mirar el suelo? ¡Qué extraño!" Sorprendente respuesta frente a una situación no menos rara por cierto.

María Eva era de ascendencia vasca por los cuatro abuelos, circunstancia a la que se atribuye la obstinación y su carácter autoritario. Condición que sin duda debe al modelo de tenacidad demostrado por su madre, Juana Ibarguren. Sus compañeras de escuela la recuerdan como la "mandona" del grupo; había repetido algún grado, lo que la convertía seguramente en la mayor del curso, aunque tal vez era que simplemente había comenzado a ejercer sus aptitudes de liderazgo.

Evidentemente su capacidad de observación y sus intereses comenzaban a ser muy otros. Acerca de su primera visión de Buenos Aires cuenta Eva en su libro *La razón de mi vida*:

Un día, cumplidos ya los 7 años, visité la ciudad por primera vez. Me hablaban de ella como un paraíso y llegando descubrí que no era así. De entrada vi sus barrios de miseria, y por sus calles y sus casas supe que en la ciudad también había ricos y pobres. Aquella comprobación debió dolerme hondamente, porque cada vez que de regreso de mis viajes al interior del país llego a la ciudad, me acuerdo de ese primer encuentro con su grandeza y su miseria.

Durante la Revolución de 1930, Eva cursaba su tercer grado en la ciudad de Junín, donde se había trasladado todo el grupo familiar. En la casa se realizaban reuniones de conjurados a partir de la caída de Hipólito Irigoyen. Los radicales, con Irigoyen como presidente de Argentina a la cabeza, habían sido elegidos en 1916 y 1926. La oligarquía, compuesta entonces por unas 1.800 familias que gastaban sus días entre París y Buenos Aires, empezó a inquietarse por los aires de reformas sociales de los radicales que representaban a las clases medias y los trabajadores descendientes en su mayoría de inmigrantes europeos. Decidieron entonces tomar cartas en el asunto apoyando el golpe del general Uriburu que derrocara al presidente Irigoyen.

Estas familias sabían de los cambios que se venían produciendo en el ejército. Por entonces ya no quedaban militares obedientes desfilando en las ceremonias patrióticas con sus grandes bigotes empinados; ya imitaban el modelo germánico y usaban cascos prusianos con una punta de lanza como adorno, modelo aceptado sin tapujos por los sectores dominantes a pesar de sus jactancias franco-anglófilas. "Sin embargo —recuerda la escritora argentina Alicia Dujovne Ortiz— a consecuencia de su germanofilia y su ambición de poder, en 1932 esa misma oligarquía despide a los militares como solía hacerlo con las sirvientas y durante toda una década se mantiene en el poder gracias al fraude electoral".

## En un camión para Junín

Comienza un periodo de importante inmigración interna; con motivo de la acelerada industrialización se instalaron fábricas, especialmente en Buenos Aires, lo que atrajo un exceso de mano de obra proveniente del interior acrecentando así no sólo la desocupación sino la falta de vivienda en la capital. Se puede comprobar la miserable situación durante los años treinta prestando atención a los tangos escritos por esos días que hacen referencia a la pobreza, al inquilinato, a las muchachas de los barrios vestidas de percal y a la "mala mujer" vestida de armiño. En ese ámbito nace el teatro argentino y los sainetes, breves piezas de teatro que expresaban todo el humor y la ironía de la que eran capaces aquellos hombres y mujeres de tan diversas culturas y personalidad, inmigrantes en su mayoría, pero que muy poco hablaban del hambre y las ollas populares, quizá porque eran moneda corriente no sólo en Argentina sino en sus países de origen, de donde habían emigrado escapando del hambre.

Mientras tanto, la ciudad de Junín se convertía en un centro ferroviario a donde llegaban los "inmigrantes internos", desplazados de todas las regiones del país hacia la capital en búsqueda de una oportunidad como obreros en la multitud de fábricas, y en donde además, era imposible no dar los primeros pasos de la mano del naciente movimiento sindical argentino, que llegó a convertirse muy pronto en el más poderoso de América Latina. El entorno inmediato de Eva y su familia no era ajeno a esta realidad. A mediados de los años 30, alquilan un camión, suben sus pertenencias y se mudan a Junín. Por esos tiempos Blanca se recibe de maestra y Juancito consigue la representación en toda la zona para la venta y distribución de Jabón Radical y cera La Rosa, dos productos muy populares. Al parecer, uno de los motivos de aquel traslado sucedió porque una de las hermanas, Elisa, fue despedida de su trabajo en el correo pues acababa de hacerse cargo de la intendencia el señor Lettieri, radical y enemigo político de aquel otro, el conservador que la había recomendado. Sin demora doña Juana Ibarguren decide mudarse a Junín donde sí tenía ascendiente, otro amigo influyente para que su hija recuperara su empleo.

Doña Juana, hasta entonces dedicada a la costura, decidió dar hospedaje a uno que otro estudiante y ofrecer comida abundante a igual precio que los discretos platos de los restaurantes de la ciudad. Así consiguió que se reunieran a almorzar importantes personajes como el mayor Alfredo Arrieta, comandante de la repartición militar, José Álvarez Rodríguez, director del Colegio Nacional y su hermano, a quienes muchas veces se sumaba el doctor Moisés Lebensohn, periodista y dirigente radical. No pasó mucho tiempo hasta que dos de las hermanas de Evita trabaran amistad con estos señores; Elisa se casó con el mayor Arrieta y Blanca con el abogado Justo Álvarez Rodríguez; no tanta suerte tuvo Erminda, según comentaba más adelante doña Juana Ibarguren, pues se casó con un tal Bertolini, ascensorista, de quien terminó divorciándose luego de la muerte de sus hermanos Eva y Juancito, en 1952.

Cuando María Eva cursaba el último grado del colegio primario, representó la obra de teatro "Arriba estudiantes" y su maestra, vislumbrando que tenía condiciones para la declamación, la convocaba para recitar en todas las fiestas escolares. Aquella vida pueblerina era de rituales muy marcados: los domingos se iba a misa por la mañana; las acaloradas siestas se pasaban en la hamaca, bajo el parral, mirando las revistas Sintonía, Mundo Argentino, Antena y Radiolandia; por la tarde, acicaladas y perfumadas de lavanda, las muchachas recorrían la calle principal paseándola de arriba abajo, mirando una y otra vez las mismas vitrinas mientras los jóvenes, a quienes sí se les permitía sentarse en los andenes de los bares a beber café o refrescos, se solazaban viéndolas pasar. Llegado el atardecer ellas regresaban a sus hogares dando por terminado el fin de semana porque tampoco se les permitía entrar a los estrenos del cine Roxy ni al Crystal Palace, máximo a la matiné de los martes que costaba 30 centavos.

### *"Voy a ser actriz"*

Eva y sus hermanas, en esos llamados "día de damas", formaban parte también de la fila de jovencitas que a la puerta del cine esperaban las "cintas" que mostraban algo de aquellos amores al estilo Hollywood, alejándolas por un rato de la abulia y la mezquindad pueblerina. Las muchachas golpeaban el piso con un ritmo de marcha al que mencionaban como "pan francés, chocolate inglés" y así se disponían al embeleso durante las tres horas que duraba la matiné.

Quizá esperando aquella matiné de los martes y al amparo de las lecturas a la hora de la siesta y recortando fotos de sus artistas preferidos, las muchachas soñaban con ser actrices aunque pocas se animaban a más. Probablemente haya sido luego de una siesta pueblerina en la que Eva leyó la biografía de la actriz Norma Shearer —quien había nacido pobre e ignorada en Montreal y aún así conquistó al león de la Metro y a Hollywood— que un martes regresando de la matiné, amplios los ojos y la sonrisa, le dijo a su madre: "Voy a ser actriz". Doña Juana, como cualquier madre por esos días, especialmente una soltera con cinco hijos, respondió: "Tanto trabajar, tanto esfuerzo para que podamos ser como todo el mundo y ahora la princesa lo echa a perder porque quiere ser actriz...".

Eva confiesa que por aquellos días y en Junín le había nacido esa "...extraña y profunda vocación. Como a los pájaros siempre me gustó el aire libre. (...) Ni siquiera he podido tolerar esa cierta esclavitud que es la vida en la casa paterna, o la vida en el pueblo natal... Muy temprano en mi vida dejé mi hogar y mi pueblo, y desde entonces siempre he sido libre. He querido vivir por mi cuenta y he vivido por mi cuenta".

A partir de entonces toda su actividad pueblerina se da en medio de ciertas actividades premonitorias o, por qué no, propiciadas por la misma madre o conocidos de la familia que quizá veían condiciones en la muchacha. En cierta ocasión la casa musical del pueblo contrata su voz para promocionar el negocio por un altoparlante instalado en una esquina. El dueño del negocio para convencer a la madre, a esa altura, apenas perplejo, anotó: "Doña Juana, no tenemos derecho a quebrar la vocación de los niños. Déjela probar. Si fracasa no quedará marcada, si triunfa: tanto mejor". De este modo, extraña y premonitoria quizá, la voz de María Eva Duarte por primera vez sobrevoló una ciudad y entró en la intimidad de tantos hogares humildes y no tan humildes.

Durante esa adolescencia ya bastante atípica, vive su primer enamoramiento, con Ricardo, un soldado del destacamento de Junín; amores que no prosperaron quizá justamente por ser el primer amor, quizá porque Eva ya intuía su porvenir y su destino, que no era otro que en brazos de un gran hombre. Porque ya sea respetado o estigmatizado, sin duda Perón es de una dimensión nada común.

## Intento de violación y odio de clase

Mientras tanto a Eva, adolescente al fin, algo le sucede que la marcará para siempre. Una amiga y un par de muchachos de "buena familia de la zona", la invitan a pasar un fin de semana en las playas de Mar del Plata, la llamada Perla del Atlántico, ciudad balnearia exclusiva por esos tiempos, lujosa y frívola. María Eva y su amiga aceptan ingenuamente, pues aún era posible el candor pueblerino por aquel entonces. Una vez en camino los jóvenes intentan violar a las muchachas y ante su resistencia son despojadas de sus ropas y abandonadas en medio de la ruta. Son recogidas por un camionero que gentilmente las envolvió en frazadas y las devolvió de inmediato a sus hogares. Suele decirse que este desagradable episodio es uno más de los que provocan ese particular odio de Eva hacia las clases altas y su reconocimiento a las clases menos favorecidas. Muchos años después, ella misma yendo en avión hacia Europa, escribe a su marido, el general Perón, como consecuencia del comentario que un tal Rudie Freude, amigo del general le hiciese con referencia a ese episodio en la vida de Evita: "¡Cuando me fui de Junín sólo tenía trece años!". Miente pues Eva, que pese a su gran personalidad siempre se vio en la disyuntiva de tener que justificar lo vivido. Claro que nunca es fácil para las mujeres en estos casos. Toda muchacha que pase por una situación similar, o incluso por el simple manoseo en un transporte público por parte de un desconocido, se obliga a callar para no pasar por el consabido "ella me buscó", como única respuesta o disculpa.

Quizá por ese tipo de cosas, durante los últimos días en su lecho de enferma, Eva Duarte toma partido en defensa de una niña, que aún hoy se ruboriza al contar aquella anécdota. Eva, que apenas se levantaba de su cama, recibía a diario una prenda de encaje que le era colocada en el torso y que le entregaba personalmente una muchacha de dieciocho años, hija de la dueña de la mayor casa de lencería de Buenos Aires. Cierto día al acercársele, seguramente la joven traía cierta expresión que llamó la atención de la enferma. "¿Te tocaron?", preguntó Eva que sabía que nadie entraba en ese cuarto sin pasar por una intensa requisa. Pese a que la chica lo negó, el rubor y la confusión provocaron que Eva se levantase de su cama. Enfurecida abrió la puerta del cuarto: "¡Que nunca más la requisen, que nunca más la toquen o los hago echar, acaso no ven que es una nena...!".

Quizá por eso también las tantas versiones acerca de cómo llegó Eva a Buenos Aires. En 1934, se presenta en Junín, "el Gardel del interior", como le decían a Agustín Magaldi. Su hermano Juancito habla con él y le presenta a María Eva, con intenciones de que el cantante termine de convencerla de sus condiciones de actriz. Magaldi le sugiere entonces que viaje a Buenos Aires y le da su dirección. A partir de ahí comienza la familia a ver la conveniencia, pero mucho más los inconvenientes, de que la más pequeña de los hermanos viajase a Buenos Aires, ciudad enorme y peligrosa para una muchacha sola, sin dinero y con aspiraciones de actriz.

"Siempre quise ser actriz. Cuando era una mocosa ya me gustaba declamar. Después, en mi pueblo hice teatro vocacional", contó una vez Eva haciendo referencia a aquellos tiempos de adolescencia:

> Me figuraba que las grandes ciudades eran lugares maravillosos donde no se daba otra cosa que la riqueza. Y todo lo que oía decir a la gente confirmaba esa creencia mía. Hablaban de la gran ciudad como de un paraíso maravilloso, y hasta me parecía entender, de lo que decían, que incluso las personas eran allí más personas que las de mi pueblo. Por eso me escapé de mi casa. Mi madre me hubiera casado con alguien del pueblo, cosa que yo no hubiera tolerado.

Así, un domingo recién comenzado el año de 1935, un 2 de enero y con apenas dieciséis años, María Eva Ibarguren, que a partir de entonces se haría llamar Eva Duarte, se sube a un tren, que parecía rescatarla de aquel paraje perdido de la pampa, y con apenas una pequeña caja de cartón como equipaje, llega a la ciudad soñada, sin conocer nada ni nadie, sin saber que por aquellos tiempos un novel poeta, Jorge Luis Borges, habiendo salido de muy distinto estrato social y educado en Europa, compartía su mismo fervor "(...) y esa mala costumbre, Buenos Aires".

María Eva, sin saber que ya había vivido la mitad de su vida, formaba parte de la importante masa de desplazados que escapaban del interior a causa del hambre y el desempleo con el sueño de conquistar Buenos Aires. Eva observó atentamente su entorno y escribió a su madre: "Querida mamá: por fin estoy aquí, en esta ciudad tan grande que no es como yo había imaginado. Por sus barrios de miseria, sus calles, sus casas se ve aquí también, como en Junín, que hay ricos y pobres; pero más pobres que ricos, y eso da tristeza".

Su apreciación no era nada errada. Evita llegaba a la ciudad soñada luego de abandonar una ciudad chata como Junín. Muy pronto se da cuenta de que lo chato de la gran urbe no es tan diferente de lo que acaba de abandonar: no muy distintas tampoco las contradicciones que Buenos Aires incrementa ostentando junto a la pobreza, edificios como el Kavanagh, el más alto de toda América Latina.

## Actriz, modelo y locutora

Comienza así para Eva Duarte una etapa en la que comer y disponer de un techo bajo el cual abrigarse —y por tanto su reputación— ya no dependían del trabajo de su madre y sus hermanos sino de su propio esfuerzo, de su empuje, del éxito o fracaso de la obra de teatro donde había conseguido un papel; y por qué no, de la ayuda de algún protector que por cierto nunca han de faltar en estos casos. El dinero había comenzado a faltarle y conseguir un papel no era tan sencillo como había imaginado. La ciudad tampoco era como pensó.

Según el escritor argentino David Viñas, eran los tiempos de la República gobernada por los intereses de los estancieros; los teatros, pues, eran gobernados como una estancia. Por tanto, insiste el autor, Eva Duarte en sus comienzos atenta contra el entorno y muda, representaba "esa entidad anónima y sin voz que se llama las entrañas del pueblo". De allí provenía, sin dudas; de allí emprendía su azaroso y proverbial camino hacia el mito.

En el lugar donde pasó mi infancia los pobres eran mucho más que los ricos, pero yo traté de convencerme de que debía haber otros lugares de mi país y del mundo en que las cosas ocurrieran de otra manera y fuera más bien al revés. Pero al llegar a Buenos Aires de entrada vi en sus barrios miseria y por sus calles y sus casas supe que en la ciudad también había pobres y había ricos. Conozco la crudeza de esperar. Sé de la angustia de haber pospuesto una aspiración.

Su hermano, que por esos días estaba en Buenos Aires prestando el servicio militar, sabía de lo mal que ella lo pasaba y la indujo a volver a Junín, pero ella respondió con un simple: "(...) déjame, la nena sabe lo que hace". Aunque quizá tampoco sabía tanto, sin embargo rápidamente comprendió que para ser actriz se necesitaban tres condiciones o al menos una de ellas: tener una gran belleza; las puertas abiertas a los estudios de teatro o conocer el recorrido de confiterías o cafés en donde se reunían los productores de empresas teatrales y radiales. A poco de llegar, Magaldi le presentó a su amiga la actriz Maruja Gil Quesada, que no sólo le ofreció su casa sino también los sitios adonde estar presente para ser vista y contratada. Conoce al actor José Franco y al productor Joaquín de Vedia, quienes le dan la oportunidad de un papel en la obra de teatro *La pequeña señora de Pérez*. Pronto deja ese grupo para formar parte de la compañía teatral de José Franco y su esposa, la conocida y legendaria actriz Eva Franco. Hace parte entonces de *La dama, el caballero y el ladrón*, obra de gran repercusión que le permite vivir holgadamente durante dos años. Sin embargo, esto se termina y nuevamente se ve sumida en la pobreza hasta que Eva Franco y su compañía la convocan una vez más; en esta ocasión para un papel de mayor importancia, como la hermana de Napoleón en *Madame Sans Gene*, de Moreau y Sardou.

En 1936 recorre el interior del país vestida de enfermera, con la Compañía de José Franco, como parte del elenco de *El beso mortal*, que trataba los peligros de la promiscuidad sexual, obra auspiciada por la Liga Argentina de Profilaxis Social. La obra resultó un éxito en todo el interior y hasta en un diario de Rosario fue publicada en primera plana una foto de Eva. Hubo que hospitalizar a una de las actrices, y Eva, que desconocía la prohibición de visitarla, la vio y se contagió. De inmediato fue despedida de la Compañía y volvió a Buenos Aires. Recorrió agencias sin mucha suerte viéndose en la obligación de cambiar de pensión, soportando como tantos otros el peso de la crisis. Más adelante diría: "Mi vocación artística me hizo conocer otros paisajes: dejé las injusticias vulgares de todos los días y empecé a vislumbrar primero, y a conocer después, las grandes injusticias. No solamente las vi en la ficción que representaba sino en la realidad de mi nueva vida".

## Chica de portada

Conoció un día al director de la revista *Sintonía*, el ex piloto automovilístico Emilio Kartulovich, que la conectó con el mundo del cine y publicó su foto en la tapa de aquella revista que alguna vez había leído en las siestas pueblerinas de Junín. Kartulovich, se dice, fue uno de sus grandes amores, antes de Perón. Según sus amigas, Eva era demasiado apasionada para tener sabiduría; eso provocaba que siguiera hasta el cansancio a sus hombrecitos de entonces. Claro que estos no fueron más que la pista de despegue hacia el gran amor que estaba por llegar. A partir del respaldo que le diera Kartulovich convirtiéndola en chica de tapa de su revista, la carrera de Eva Duarte dio un vuelco inesperado. Participó entonces en su primera película *Segundos afuera*, de Argentina Sono Films, con actores de primera línea como Pablo Palito y Pedro Quartucci. Forma parte entonces de la compañía de teatros de la querida actriz Piernina Dalessi, quien años después comentaba aquella experiencia y amistad con la diva en ciernes: "Eva era tan flaca que no se sabía si iba o venía (...) Comía muy poco. Creo que nunca comió en su vida. Cuando se acabó la miseria era por falta de tiempo que se privaba de comer...".

Con lo ganado en la película, más algunos ahorros que había logrado con sus trabajos como modelo publicitaria, se mudó al Hotel Savoy, pero a la semana tuvo que abandonarlo. Su hermano Juan, que trabajaba en la Caja de Ahorro Postal, había robado una importante suma de dinero. Eva no pudo sino hacerse cargo de la situación, y para que su hermano no fuera a la cárcel, vendió todo lo que tenía para que devolviese lo hurtado y regresó al inquilinato. Una muestra de su solidaridad a toda prueba, marcada seguramente en los tiempos de la penuria hogareña.

Sin embargo no todo fue malo por esos días. Corría el año de 1937 y pudo grabar su primer radioteatro, *Oro Blanco*, que trataba del conflicto de los hacheros y cultivadores en El Chaco. Lo que le abría nuevas posibilidades, no sólo profesionales, que de algún modo pudo avizorar. Quizá por eso debe volver a Junín pues su hermana Erminda había enfermado de pleuresía, la familia toda, en especial su madre, le aconsejan volver. Eva responde que volvería pero nunca fracasada, "(...) primero conquisto Buenos Aires y después me voy".

En 1939 comienza otra obra de radioteatro, *Los jazmines del ochenta*, en la que Eva es ya cabeza de compañía y cuyo estreno es el 1 de mayo; ocasión en la que se encuentra con compañeros de trabajos anteriores. A todos les manifestó que si no se compartieran las cosas buenas y el trabajo con amigos, qué sentido tendría aquello de la actuación. Pero por esos tiempos su carrera y su cabeza, dan un vuelco importante: la contrata la compañía del Teatro del Aire. En el ciclo se trabajaban piezas teatrales escritas por Héctor P. Bloomberg, novelista y poeta, que se dio a conocer por sus temas históricos, particularmente consagrados a la época de Juan Manuel de Rosas y al mismo Rosas. Surgía por entonces una corriente nacionalista que recuperaba y exaltaba la figura del considerado como dictador del siglo XIX. Ajena aún a toda ideología, al menos a una ideología manifiesta y formal, Eva tuvo éxito en ese momento al unirse a un escritor cuyas ideas aparecían como preliminares del ideario peronista.

Claro que en otros ámbitos eso producía toda suerte de prevenciones, ya que la cultura argentina de los años 30 se mostraba a sí misma primero como francesa, luego inglesa y finalmente universal. Paradójicamente, tanto la oligarquía dominante como la izquierda opositora renegaban de la cultura "populachera" encarnada ya a estas alturas por Eva Duarte. Entre estos sectores y el peronismo, al decir de la escritora Alicia Dujobne Ortiz, sólo hay un abismo estético y este es un motivo por el que puede sostenerse que Eva fue peronista mucho antes que el mismo Perón. Probablemente, estas coincidencias son parte de las tantas que acercan a las dos figuras históricas de Argentina. Desde el resentimiento social hasta la estética del tango y del radioteatro, Eva tiene mil razones para entenderse con Perón e inmediatamente después con el peronismo.

## Fotos no tan santas de la futura primera dama

Al año siguiente, es decir en 1940, Eva Duarte participa en dos películas con Luis Sandrini. Las revistas de espectáculos ya se ocupaban de ella con frecuencia y hasta fue chica de tapa de la revista *Cine Argentino* vistiendo la camiseta del club Boca Juniors. Recibe otras propuestas cinematográficas en 1942 de los Estudios Baires, entre ellas un papel importante en la película *Una novia en apuros*. Ese mismo año le tomaron una serie de fotografías para la citada revista que por cierto comenzaron a escandalizar, aún más, a la pacata sociedad porteña. En las fotos se la veía mostrando las piernas, el nacimiento de los senos y los hombros. Imperdonable por esos días para una mujer considerada "decente"; con mayor razón sería un agravio a la sociedad, dos años más tarde, para una primera dama. Lo que le granjea, como es de esperarse en toda sociedad que se precie de bien constituida, especialmente en la década del 40, una mayor cantidad de amigos que de amigas; muy amigables y más leales con Eva, sin duda, encontramos actores como Pelliciota y Pedro Quartucci, y a empresarios como Juan Llauró, Emilio Kartulovich, el director de la revista Sintonía, ya citado anteriormente, y Pablo Suero, director de teatro, militares como el coronel Aníbal Francisco Imbert, militar de estricta formación prusiana que a partir de la Revolución del 4 de junio de 1943 iba a convertirse en director nacional de Correos y Telégrafos, y que controlaría personalmente toda la radiodifusión y a todos aquellos que deseaban entrar en la radio. A poco de conocer a Eva, el coronel Imbert la instala en un departamento de la Calle Posadas, uno de los mejores barrios de la capital porteña, y comienza a visitarla asiduamente. Por lo menos hasta aquel 22 de enero de 1944, en que Eva Duarte y Juan Perón se encuentran en el Luna Park.

Efectivamente, y como a la *Milonguita del tango,* los hombres a Evita le habían hecho mal, comenzando por su padre. Sin embargo, tenía una vocación que la colmaba y pasión suficiente para dejarse entregar a la injusticia y la soledad que padecen los que son distintos, especialmente si son mujeres. Tal vez por eso y por revancha, según dicen algunos, los hombres fueron para Eva un medio y nunca un fin; sólo un medio necesario. De todos modos no cabe duda de que muchos de sus detractores se habrían arrogado sus favores; hasta hubo quien dijo que era una amante cara porque había que darle dinero para remedios. Por esos tiempos el doctor Pardal le recetaba inyecciones de calcio para la desnutrición.

El escritor César Tiempo cuenta una anécdota acerca de esa fragilidad de Eva. Al parecer un día estaba sentada en una mesa de café. Cerca estaba el escritor y periodista Roberto

Arlt, ampuloso como siempre en sus gestos e inquieto. Vio a esa muchacha desconocida para él que bebía café a sorbitos y que cada tanto tosía, igual que cualquiera de los personajes de un cuento del mismo Arlt. A fuerza de ademanes y querer llamarle la atención, Arlt le hizo derramar el café con leche. Éste, para hacerse perdonar, se arrodilló frente a ella. Eva corrió al baño y regresó al rato llorosa y con el vestido mojado luego de limpiarse el café derramado. "Me voy a morir pronto", le dijo a Arlt y él respondió: "no te preocupes, yo también". Curiosamente el 26 de julio de 1942, muere Roberto Arlt y Eva el mismo día y mes, pero diez años más tarde.

También por esos tiempos logra su anhelo de crear un "radioteatro distinto", según ella misma dijera, "uno donde encarnar a las grandes mujeres de la historia de la humanidad". Así dio comienzo al ciclo que se llamó *Heroínas de la historia*, interpretando a mujeres como Isadora Duncan, Isabel I de Inglaterra, Sara Bernhardt y Madame Chang-Kai-Cheik. Para ella era como vivir y gozar de un modo casi infantil, cada personaje de ese sueño, resultado de su romanticismo y sensibilidad, porque "vivo mis obras, porque vivo mi vida con la intensidad de una bella obra... mis heroínas son en cada momento, documentos vivos de la realidad".

Durante los primeros siete meses de 1943, Eva desaparece dejando varios contratos sin cumplir. Se han dado distintas versiones del porqué de su alejamiento: la probabilidad de un embarazo; que tenía anemia producto de una leucemia grave; que ya militaba en las huestes de los que provocarían la revolución de junio; que había hecho amistad por esos días con el obrero anarquista Isaías Santín, miembro de la CGT —Confederación General de Trabajadores— y que fuera estrecho colaborador de Evita hasta sus últimos días. Nunca se logró mayor información acerca de su ausencia en esos meses. Muchos y diversos fueron los motivos, pero el detonante de la Revolución del 43 contra el presidente Castillo se dio cuando fue nombrado como candidato a las próximas elecciones "libres" Robustiano Patrón Costas, millonario enriquecido con la explotación de la caña de azúcar.

Eva reaparece en el mes de agosto del mismo año. Con un grupo de compañeros de radio crea la Asociación Radial Argentina, que ella misma preside.

Desde que estoy en el ambiente he tratado por todos los medios de contribuir al mejoramiento de la condición del artista. He actuado en otros organismos gremiales antes de ser designada presidente del que ahora nos agrupa a todos en la radio. Entonces como ahora todas mis energías las he puesto a favor de los derechos del artista a cuya familia pertenezco.

De este modo daba los primeros pasos en la política social de lo que sería el breve camino que la llevaba, aunque sin saberlo, hacia el hombre grande que ansiaba encontrar, Juan Domingo Perón.

## Celos, rivalidad o envidia

En una ocasión, la actriz Eva Franco, en cuya compañía Evita componía apenas un papel secundario, recibe un enorme ramo de flores anónimo. En la tarjeta sólo decía: "A Eva" y creyó que el ramo era para ella, no sólo cabeza de la compañía sino protagonista de la pieza teatral. Cuando comprobó que en realidad el obsequio era para Evita, la despidió. En otra ocasión, de gira por el país con otra compañía donde también actuaba José Franco, marido de la directora ya mencionada, éste intentó obligar a Evita a mantener relaciones. A pesar de su rechazo, el escándalo le significó quedar de nuevo desocupada. Así se fueron presentando, una tras otra, diversas circunstancias en las que era excluida o ella desestimaba a muchos de aquellos que se le acercaban como "protectores".

En un artículo publicado en el diario *La Jornada*, José Steinsleger anota:

> Hija natural, entonces rencorosa, analiza el psicólogo; pobre, entonces envidiosa, medita el filósofo; sin formación y con pretensiones de actriz, entonces ignorante, vocifera el intelectual; rebelde, entonces resentida, matiza el sociólogo... Que se acostó con varios hombres... entonces prostituta, sanciona el obispo. Que se casó con el coronel... Entonces trepadora, documenta el historiador. Psicólogos, sociólogos, intelectuales, filósofos, politólogos e

historiadores alzan la copa. Mujer al fin... ¿qué puede esperarse de una dama con tales atributos? Y cuando entró al ruedo de la política mostró su perfil autoritario, es decir, fascista. Aspectos que, según la visión, la historia propone inflar, pues de lo contrario habría que hablar de cuando compró armas en Europa para organizar milicias obreras cuando el ejército y la oligarquía intentaron el primer golpe contra Perón en 1951.

## Perón desconoce a Evita

Esa mirada implacable fue puesta sobre Eva Duarte desde el comienzo de sus días, su infancia, su etapa como actriz, su vida como primera dama, su actuación política, su muerte y aún después de ella. Hoy mismo, incluso. La situación de celos y competencia o rivalidad siempre la rodeó. Se dice que Eva Duarte y Libertad Lamarque, la famosa cantante y actriz argentina que viviera después en México, se enfrentaron hasta llegar a las manos. De ello hay varias versiones. Este tipo de episodios no fueron ajenos a lo largo de toda su carrera. Eva Duarte, más tarde Eva Perón, tenía un fuerte carácter y parecía no amedrentarse ante nada. Habiéndose posesionado como primera dama de Argentina, se presentó a tomar el puesto de presidenta de la Sociedad de Beneficencia, históricamente presidida por la esposa del jefe de Estado de turno. Las señoras socias de dicha entidad, damas en su mayoría de la más alta sociedad porteña, y que por tanto no la aceptaban, le argumentaron que era demasiado joven para ocupar el cargo. Ella les respondió con altivez y no menos sapiencia, que si su juventud era el único impedimento para ocupar la presidencia de la Sociedad de Beneficencia, entonces les enviaría a la señora Juana Ibarguren, su madre, porque seguramente ella las igualaba en edad. De inmediato quedó zanjado el incidente.

Siendo la esposa de Perón, y con plena conciencia del amor y respeto que le profesaban "sus Descamisados", como ella misma llamaba a los humildes y desheredados, sumado a su gran voluntad de participación y condición de líder, le reclamó a su marido el derecho a ser presentada como compañera de fórmula en la próxima candidatura presidencial. Perón se negó a ello. Celos, envidia, temor, machismo, presiones políticas, por cierto. ¿Cómo evaluar las verdaderas e íntimas razones que guiaron al general Juan Domingo Perón a negar, no sólo ese deseo a su esposa Eva Duarte, sino el derecho adquirido y bien ganado de Evita y de los millones de electores que clamaban por ella?

Quién sabe cuál era o dónde se encontraba la verdadera María Eva. Lo cierto es que su personalidad, su temple y sus logros, unidos a sus fracasos, han provocado siempre o el más sentido afecto o el más grande rechazo entre la gente. Por eso se dice que Eva Perón es una cuestión de simple sentimiento popular. Sin embargo, muchos de sus detractores por entonces, ya no lo son y reconocen, por encima de toda ideología, la valentía y arrojo de Evita para moverse en un mundo que por esos días era sólo de los hombres, tanto en lo público como en lo privado y más aún en el terreno de la política.

La misma Eva Perón expresa en su libro *La razón de mi vida*:

Todo, absolutamente todo en este mundo contemporáneo ha sido hecho según la medida del hombre. Nosotras estamos ausentes en los parlamentos, en las organizaciones internacionales. No estamos ni en el Vaticano ni en el Kremlin. Ni en los Estados mayores de los imperialismos. Ni en las comisiones de energía atómica. Ni en la masonería ni en las sociedades secretas. No estamos en ninguno de los grandes centros que constituyen un poder en el mundo.

# Amor y compromiso social

Refiriéndose a *La razón de mi vida*, Eva dice:

> Este libro ha brotado de lo más íntimo de mi corazón. Por más que a través de sus páginas hablo de mis sentimientos, de mis pensamientos y de mi propia vida, en todo lo que he escrito el menos advertido de mis lectores no encontrará otra cosa que la figura, el alma y la vida del General Perón y mi entrañable amor por su persona y por su causa.

De este modo Eva, desde el primer párrafo, nos anticipa acerca del espíritu de sus escritos, nos advierte de la realidad de sus sentimientos y su inquebrantable móvil a lo largo de su breve pero fulgurante historia. Su amor a Perón sin dudas, pero muy particularmente su amor al proyecto del general, su propio proyecto en realidad, a la vez que le dio otros bríos a su vida le permitió insuflarle nuevos enfoques a esa que ella llamaba la "causa de Perón".

Quizá fuese verdad que hubo en su vida muchos amores o muchos hombres, o tal vez hayan sido muchos los hombres que una vez desaparecida Eva Perón se han arrogado sus favores. Una contemporánea de Eva, también actriz, cantante, luchadora y proveniente de la más absoluta pobreza, Tita Merello, decía de sí misma: "He sido mujer de muchos amores, pero de un solo hombre". Ese único hombre, en el caso de Evita, fue sin dudas, Juan Domingo Perón.

Eva Duarte era una joven actriz, ambiciosa quizá, pero sobre todo bien dispuesta a tomarse su revancha, a la vez que mostraba un gran interés por las causas nacionalistas y los problemas sociales. Pretensiones nada extrañas, por cierto, en una muchacha que desde su adolescencia quería ser otra. Su nacimiento la fraccionó en dos de por vida. Esa "doble pertenencia", según el sociólogo Juan José Sebreli, la adquirió por descender de estancieros, por el lado del padre, y de peones de estancia, por el lado de la madre. Característica bastante común en un país mestizo, un país-espejo, por aquello de mirar a Europa, de dónde provenía la masa fundamental de emigrantes de todas las clases y condiciones, quebrado por sus deseos de ser más, de ser otra cosa, de ubicarse siempre más allá del entorno.

Como consecuencia vemos entonces, a una María Eva que para sus compañeras de escuela era dulce pero dominante; mayor que las demás porque había repetido algún grado como ya se mencionó, y que rápidamente aprendió a convivir consigo misma, inmersa en esa "doble pertenencia" y despertando miedo y atracción, dos características que indudablemente adquirió en la cuna y la acompañaron para siempre. Nada de esto, por supuesto, pasó por alto al atento juicio de Juan Domingo Perón. Cómo no enamorarse de una muchacha tierna y autoritaria, de ojos soñadores y penetrantes y gestos bruscos y serenos. Muy pronto pudo, no sólo el hombre sino el líder, percibir esas calidades de Eva que harían que efectivamente pocos años después fuese considerada como la más sorprendente paradoja: santa y prostituta; aventurera y militante; hada y mártir; el "mito blanco" y el "mito negro".

## Un encuentro que les cambiaría la vida

En el periodo de 1943 a 1944, Eva y Perón parecen jugar a las escondidas y pisarse los talones. Ambos tenían lo que el otro deseaba o necesitaba. Las cartas estaban echadas. Perón necesitaba una amiga y así se lo había solicitado a una compinche de Eva. Una camarada en común realizó una reunión con artistas donde le presentaría al general Perón a la actriz Zully Moreno. Pero ésta se negó a verlo. No así Eva Duarte, quien le fue presentada por ser por entonces, menos pretenciosa que la Moreno. Esa es una versión. La otra es que el general acudió el 25 de diciembre de 1943 a la radio, donde se encontraba Eva, para dar un mensaje navideño. De todos modos, si esa noche se hubiesen conocido, Eva y Perón no entablaron aún una relación, pues Perón asiste con la "Piraña", una jovencita mendocina a quien él presentaba como su hija, pero de quien se decía era su amante.

La versión oficial es la que sigue. El 15 de enero de 1944 a las 20:45 horas se produce un devastador terremoto que destruye la ciudad de San Juan, en la provincia que lleva su mismo nombre, a más de 1.000 kilómetros al norte de Buenos Aires. Nunca se confirmó el número exacto de muertos pero se calculan 7 mil y más de 12 mil heridos. Se acudió a la solidaridad de todos los argentinos. Cuatro días más tarde, al frente de la Secretaría de Trabajo y Previsión, el general Perón convocó a los actores para que recorrieran las calles con alcancías en ayuda de los damnificados. Además se propuso hacer un festival para recaudar mayores fondos.

Eva se mantuvo callada y un poco alejada de las "divas" que habían acudido al llamado del gobierno. Cuando se hizo la propuesta del festival como complemento de las alcancías, Eva Duarte se opuso:

> Yo no estaba de acuerdo y lo dije —contó tiempo después—, pensaba que en esta situación el que tenía plata debía darla sin esperar nada a cambio. Cuando los demás se retiraban Perón pidió que me quedara. Le hice saber que estaba dispuesta a hacer cualquier cosa, movilizaría a mis colegas; mi compañía de la radio se ofrecía a ser empleada en esa batalla benéfica. Quería hacer algo por esa gente que en ese momento era más pobre que yo. Perón se sorprendió al escucharme y me ofreció trabajar junto a ellos en la secretaría. Quedé en contestarle luego de conversarlo con mis compañeros.

El festival se llevó a cabo con toda la colonia artística y un lleno total, en presencia del por entonces presidente Ramírez y su esposa, junto a Perón, que ya se perfilaba como el "coronel del pueblo". Eva llevaba un vestido negro, un sombrero blanco de plumas y guantes largos y según versiones, cuando terminó el espectáculo ella y Perón abandonaron juntos el Luna Park. Eva recuerda aquel momento: "Me puse a su lado. Tal vez esto hizo que me prestara atención, y cuando tuvo tiempo para escucharme le hablé lo mejor que pude: 'Si como tú dices la causa del pueblo es tu propia causa, nunca me alejaré de tu lado, hasta que muera, por más grande que sea el sacrificio' ".

Puede que no fuera exactamente así lo sucedido aquel día, sino que sólo se tratara de lo que Eva hubiera deseado que aconteciera. O puede que sí. De todos modos, aunque Eva no hubiese dicho esas palabras a Perón, y pese a las tantas versiones acerca de sus primeros encuentros, ninguna duda cabe de que ambos intuyeron que ese atractivo, el imán que Eva poseía y esa popularidad tan controvertida de los dos, sumadas al paternalismo de Perón, resultaba una excelente combinación que comenzarían a ejercer y a disfrutar desde el primer día. Ese día maravilloso que les llega cambiando el norte de sus vidas. Como dijera la misma Eva:

> Me había resignado a vivir una vida común, monótona, que me parecía estéril, pero que consideraba inevitable. (...) Pero en el fondo de mi alma no podía resignarme a que aquello fuese definitivo. Por fin llegó mi día maravilloso. Todos o casi todos lo tienen en la vida, y para mí fue el día en que mi vida coincidió con la vida de Perón. Ese encuentro me dejó una marca imborrable en el corazón y ella señala el comienzo de mi vida verdadera.

Eva Duarte tenía veinticuatro años y Perón cuarenta y nueve. La mirada de dos líderes se había cruzado al fin, desde entonces otro terremoto, un movimiento de tierra más intenso, partiría en dos la historia política de los argentinos.

Pasaron juntos ese fin de semana. El lunes, Eva Duarte llegó a su trabajo en un coche del Ministerio de Guerra. El chofer se bajó, le abrió la puerta y le ofreció la mano. Tampoco entonces Eva se amilanó, tomó la mano del hombre, sonrió y entró a los estudios de Radio Belgrano.

Su compañerismo hacia Perón y la lucha política fue vital para ambos. Quizá Evita nunca comprendió del todo que esa lucha que tanto atribuyó a Perón, era su propia lucha en realidad, esa que jugaba desde aquel día cuando de la mano de su madre, alzó los pies y la vista para alcanzar el ataúd donde yacía su padre natural, Juan Duarte, a quien vio sólo esa vez y quien nunca le había dirigido una sola mirada.

## Evita cambia de carrera

Eva Duarte participó activamente en el programa radial *Hacia un mundo mejor*, que informaba acerca de las conquistas sociales obtenidas mediante la gestión de Perón en la Secretaría de Trabajo y Previsión. La misma política que habría podido catapultarla a papeles más importantes en el mundo del espectáculo, hizo que poco a poco le quitara no sólo tiempo sino las ganas de continuar su carrera de actriz, para dedicarse absolutamente a la política, y a Perón.

Continuó de todos modos con la actividad radial, actuando como Sara Bernhardt. Cuando terminaba en la radio llegaba al departamento donde se sucedían las reuniones de Perón con colaboradores, militares, y empleados del ministerio, y se integraba a los encuentros, silenciosamente todavía.

En 1944 se estrenó la película *La cabalgata del circo*, junto a Libertad Lamarque. Su primer papel protagónico y donde se la vio por primera vez con cabello rubio. Fue quizá recordando aquellos primeros tiempos, el comentario que Perón hiciera de Eva: "De frágil presencia pero de vigorosa voz, con una larga cabellera que le caía suelta sobre la espalda, y de ojos ardientes".

A fin de año los estudios de cine San Miguel, anunciaron la participación de Eva en una próxima película llamada *La Pródiga*, que contaba la historia de una española de alta sociedad que entregaba todos sus bienes a los aldeanos. El ambiente en que se filmaba la película era tenso y en la trastienda se vivían rencores frecuentes por esos días. En septiembre de 1945, se realizó la marcha por la Constitución y la Libertad en contra de Perón, jornada acompañada de un paro, que incluso afectó los estudios de filmación donde muchos adhirieron. Eva lo tomó como un agravio a su persona y no se volvió a presentar para filmar. Lo que obligó a su director a terminar la película con una extra en lugar de Evita. Al año siguiente, Perón se opondría a la proyección comercial de la película.

"Me seguía como una sombra, me escuchaba con atención, asimilaba mis ideas y las ejercitaba en su mente extraordinariamente ágil, y seguía mis directrices con gran precisión", rememoraba Perón años más tarde.

El 17 de octubre de 1945, un conglomerado de obreros y peones de campo marcharon por Buenos Aires exigiendo la liberación de Perón, que había sido detenido en una prisión militar en la Isla Martín García, frente a las costas de la ciudad capital. Ese día un chofer de taxi denunció a un grupo de universitarios que llevaba como pasajera a Eva Duarte. Los estudiantes la escupieron y golpearon. "Por cada golpe —recordaba Evita— me parecía morir y sin embargo a cada golpe me sentía nacer. Algo rudo pero al mismo tiempo inefable fue aquel bautismo de dolor que me purificó de toda duda y de toda cobardía".

Muy pronto, en su infancia, Eva había comprendido aquello del odio no sólo de clase social sino de género. El odio de género como clase. Tantas veces había recibido comentarios como el que le hiciera, por ejemplo, el director de una compañía de teatro: "¿Qué clase de actriz sos que ni siquiera tenés un amigo que te pague los trapos?".

No obstante este tipo de comentarios que siempre la rodearon, de los más diversos ámbitos y sectores, Eva nunca dudó acerca de sus propósitos y sus fines. Nunca se detuvo ni se arrepintió de dar un paso más. Al contrario, siempre daba un paso más. A escasos minutos del que creyó era el último de su historia, un 26 de julio de 1952, no muy lejos del desconsuelo de Perón, Evita murmuró a una de sus enfermeras: "Nunca me sentí feliz y por eso me fui de mi casa. Mi madre me habría casado con cualquier persona vulgar. Jamás lo habría soportado. Una mujer decente tiene que ir adelante en la vida".

# UNA PAREJA CON PODER

Jorge Luis Borges solía decir que "ni Perón era Perón ni Evita era Evita. Eran máscaras, criaturas misteriosas de las que nunca conocimos la índole profunda. En la economía de la pareja, al menos en sus comienzos, ella resultó útil y él, necesario". Perón fue un estratega y conductor del naciente movimiento de masas; amigo de sus amigos, racionalista, maquiavélico, conciliador, afable. Evita lo adoraba compulsivamente; sin embargo tenía su propio estilo, mezcla de esposa, secretaria y amante, matriarcal y patriarcal al mismo tiempo. Fundamentalmente independiente.

Empero el mismo Perón le dijo a la revista *Panorama*, en abril de 1970:

> Eva Perón es un producto mío. Yo la preparé para que hiciera lo que hizo. La necesitaba en el sector social de mi conducción. Y su labor, allí, fue extraordinaria. (...) En la mujer hay que despertar las dos fuerzas extraordinarias que son la base de su intuición: la sensibilidad y la imaginación. Cuando estos atributos se desarrollan, la mujer se convierte en un instrumento maravilloso. Claro. Es preciso darle también un poquito de conocimiento. (...) La acción de Eva fue, ante todo, social: esa es la misión de la mujer. En lo político, se redujo a organizar la rama femenina del partido peronista. Dentro del movimiento, yo tuve la conducción del con-

junto; ella, la de los sectores femenino y social. Le dejé absoluta
libertad en ese terreno: era mi conducta con todos los dirigentes.

Un comentario que sin duda la misma Evita no comparti-
ría como no lo pueden compartir, seguramente, muchas mujeres pues no deja de ser una lectura típicamente machista de
una realidad que ni el mismo Perón supo asumir con la grandeza acorde con el caso.

De todos modos, puede ser que Eva nunca hubiera sido
Evita sin Perón y Perón no hubiera sido Perón sin Evita: ambos se complementaban sumando sus poderes y se entendían
en la tarea. Si en las últimas décadas el poder de la mujer en el
mundo ha avanzado buscando la igualdad con el hombre,
podría decirse que Argentina hace mucho que lo había empa-
tado. La mujer luchaba junto al hombre, tal vez antes de Evita, pero es ella la que arrasa con muchos de los arcaicos pre-
conceptos acerca del trabajo de la mujer, sus derechos y el de
sus niños, la participación en la política, su derecho y deber
de agruparse, agremiarse y ejercer la militancia partidista. Ya
en sus tiempos de actriz, antes de conocer a Perón, se hablaba
de su vena política cuando creó el Sindicato de Variedades,
ya que el gremio de actores era bastante elitista y aristocrático.

*Detención de Perón y una boda con enredos*

En 1945 Perón es designado ministro de Guerra, cargo que
ejerce paralelamente al de secretario de Trabajo y Previsión y
vicepresidente de la Nación; no poco poder, por cierto. Pero

una figura de las fuerzas armadas, el general Ávalos, empieza a maquinar un nuevo golpe de Estado y precisamente la figura de Perón se interpone en sus planes. Ávalos entonces conmina a Perón a renunciar a todos sus cargos, a lo que éste se niega. Lo detienen y es trasladado a la cárcel de la Isla Martín García, el 8 de octubre, día en que cumple 50 años. Y desde su reclusión le escribe a Eva:

Mi tesoro adorado: Sólo cuando nos alejamos de las personas queridas podemos medir el cariño. Desde el día que te dejé allí, con el dolor más grande que puedas imaginar no he podido tranquilizar mi triste corazón. Hoy sé cuánto te quiero y que no puedo vivir sin vos. Esta inmensa soledad está llena de tu recuerdo.

Y para que no quedaran dudas de su tierno amor, le dice:

Trataré de ir a Buenos Aires por cualquier medio, de modo que puedes estar tranquila y cuidarte mucho la salud. Si sale el retiro, nos casamos al día siguiente, y si no sale, yo arreglaré las cosas de otro modo, pero liquidaremos esta situación de desamparo que tú tienes ahora. Viejita de mi alma, tengo tus retratitos en mi pieza y los miro todo el día, con lágrimas en los ojos. Que no te vaya a pasar nada porque entonces habrá terminado mi vida. Cuídate mucho y no te preocupes por mí; pero quiéreme mucho que hoy lo necesito más que nunca. Tesoro mío, tené calma y aprendé a esperar.

Al enterarse del encarcelamiento del líder, la poderosa CGT convoca a un paro general el 17 de octubre. Eva sale a las calles a alentar la huelga y convoca a un acto en la Plaza de Mayo. Así lo rememora la misma Eva:

> (...) Anduve por todos los barrios de la gran ciudad. Desde entonces, conozco todo el muestrario de corazones que late bajo el suelo de mi patria. A medida que iba descendiendo desde los barrios orgullosos y ricos a los pobres y humildes, las puertas se iban abriendo generosamente, con más cordialidad (...)

El acto se lleva a cabo y Perón es liberado. Con un breve discurso en el balcón de la casa de gobierno, una vez recupera sus cargos, contenta a las masas, las cuales se retiran tranquilamente y así se aplaca al general Ávalos. Hasta cierto punto es la primera vez que el pueblo ejerce su poder directo.

Luego de este incidente, Perón y Eva deciden casarse. La primera ceremonia se lleva a cabo el 22 de octubre de 1945. Pero no tuvo valor legal, porque si bien los papeles fueron consignados en el Registro Civil de la ciudad de Junín, la ceremonia se había llevado a cabo en el departamento de la Calle Posadas que compartían desde el inicio de la relación. Además fueron falseados los datos personales: Eva había declarado tres años menos y Perón negado su viudez. Tampoco realizaron el trámite prenupcial obligatorio. Los testigos que convalidaron todos los errores fueron Juan Duarte, hermano de la novia, y el coronel Domingo Mercante, amigo personal de la pareja. Evita no poseía el apellido Duarte por ser hija ilegítima, sin embargo había conseguido un certificado de nacimiento a nombre de María Eva Duarte y no como María Eva Ibarguren; un político y militar como Perón, no podía de ninguna forma casarse con una ilegítima como Evita. Posteriormente contrajeron matrimonio cristiano el 9 de diciembre en una iglesia de la ciudad de La Plata, a pocos kilómetros al sur de Buenos Aires.

## Más que cinco ministros juntos

Una vez regularizado el matrimonio, condición imprescindible, el 31 de diciembre el coronel Perón fue ascendido a general de brigada y el 4 de junio de 1946 asume como presidente luego de ganar las elecciones en el mes de febrero. En aquellos tiempos, entre el casamiento y los comicios, Perón recorrió el país en ferrocarril, siempre acompañado por su esposa. Evita fue la primera mujer de candidato que acompañaba a su marido en la campaña, y la gente se les acercaba no tanto siempre por Perón sino porque conocían a la futura primera dama, como actriz. La gente comenzó a llamarla Evita y tan pronto asumieron la presidencia ocuparon el Palacio Unzué.

Aunque Eva no tenía cargos formales en el gobierno, disponía de su despacho en el Correo Central, desde donde atendía las cuestiones atinentes a la ayuda oficial del Estado. No tardó mucho en mudar su oficina al Ministerio de Trabajo. Si bien no era ministro se comportaba como si lo fuese. Perón reconocía que su esposa merecía una medalla por lo que hacía en pro del trabajo y sostenía: "(...) Eva vale más que cinco ministros juntos".

Almorzaban en el Palacio Unzué, en pleno barrio de La Recoleta, dormían siesta cada uno por su lado y luego ella salía de nuevo a recorrer fábricas, escuelas y barrios pobres. Llevaban una vida ordenada, rodeados de amigos y sus tres perros criollos. No habiendo reuniones protocolares preferían no salir de noche y reunirse en la casa con amigos. Con más razón la frase tan dicha de Perón, "de la casa al trabajo y del trabajo a la casa". Sin embargo pasaban los fines de semana en una quinta de la localidad de San Vicente, al sur del gran Buenos Aires. Eva usaba pantalones y cocinaba empanadas mientras Perón, con bombachas de gaucho, hacía asado para los invitados. Conformaban la pareja perfecta, él mostraba una cortesía ya por entonces casi pasada de moda y ella el acatamiento respetuoso de una alumna ante su maestro.

La revista *New Yorker* publicó un artículo que tituló *Love, love, love* donde Philip Hamburguer decía que ese clásico romance de revista sensacionalista podía muy bien convertirse en "Las fabulosas aventuras de Juan y Eva Perón" o "El amor todo lo puede". También hacía referencias a que en todos los actos el general Perón interrumpía cada tanto para besar a su esposa; que cada aparición pública estaba basada en el amor y que "se los veía constantemente, apasionadamente, locamente, 'nacionalísticamente' enamorados".

### Aproximación a Juan Domingo Perón

Perón había nacido el 8 de octubre de 1895, en Lobos, una pequeña ciudad de la provincia de Buenos Aires; y fue quizá una de las primeras cosas que Eva consideraba coincidente con el general, como hace toda mujer enamorada que necesita justificar su amor a partir de las coincidencias con su ser amado, sin tener en cuenta, también como toda mujer enamorada, las no coincidencias con el objeto de su amor. El padre del líder, Mario Tomás Perón, era hijo de un químico, médico y senador, Tomás Liberato Perón enviado a París en 1870 por el presidente Domingo Faustino Sarmiento como premio a su importante actividad y ayuda durante la peste de fiebre amarilla en Buenos Aires. Don Tomás, abuelo de Juan Domingo, se había casado con una uruguaya, Dominga Dutey, hija de vascos de Bayona. De modo que igual que Eva, el general Perón era de ascendencia vasca. Mario Tomás elegiría para sí un destino totalmente diferente al de su padre, se radica en Lobos donde se dedica a trabajar una propiedad que recibe en herencia. Su hermano se había suicidado. Mario Tomás conoce a una criolla, de abuelos indios, Juana Sosa Toledo, con quien tiene un primer hijo, Mario Avelino Perón.

Don Mario Tomás había prometido a su familia que acabaría la relación con aquella mujer que definían como "poco digna" para un Perón. Sin embargo por desidia o por la seguridad que por esos días le brindaba aquella mujer de la tierra, el hombre permanece a su lado y cuatro años más tarde nace el segundo hijo, Juan Domingo. Cuando Perón tenía tres años, su padre se marchó a trabajar a la Patagonia dejando a la criolla y sus hijos al cuidado de la familia. Cuando don Mario Tomás regresó al grupo familiar su hijo menor tenía seis años; luego partirían todos rumbo al sur de la Patagonia, a la estancia La Maciega. Allí Perón aprendió a caminar y a hablar y se inició en las estrategias de la caza. Igual que doña Juana, la madre de Eva, la doña Juana, madre de Perón, desarrolló con habilidad las artes de la sobrevivencia. Montaba, domaba; curaba a los enfermos; asistía a las parturientas; gran amiga y compinche de sus hijos, complicidad que mostraba guiñándoles el ojo por detrás del padre. "Mi madre era un amigo y consejero", diría Perón masculinizando aquellos atributos como si de ese modo les diese mayor transcendencia. Con el tiempo, y habiendo sido llevado donde la abuela para completar su educación, dicen que Perón, al regresar a la estancia, encontró a su madre en la cama con un peón. Lejos de considerar que aquella mujer había sido abandonada por sus hombres, el que le hizo los dos hijos, y *los propios hijos*, Perón jamás perdonó aquello. Volvió a irse, pero esta vez se internó en el Colegio Militar, cortando así todos sus lazos familiares abocándose a su carrera militar.

Y es quizá en estos aspectos donde marcadamente se identifican nuestros dos personajes, Eva y Perón, y podríamos volver aquí a esa "doble pertenencia", a la que hace referencia el sociólogo argentino Juan José Sebreli, ambigüedad adquirida por descender de estancieros por el lado del padre y de peones de estancia por el lado de la madre, en el caso de Eva, o de una criolla de ascendencia indígena, en el caso de Perón; y la necesidad y la búsqueda, como resultado de querer reubicarse más allá del entorno. De este modo Perón hace del Colegio Militar su familia y su carrera. En 1917 los obreros de la empresa La Forestal realizan una huelga y Perón con sólo hablarles los convence de que ese no es el camino adecuado. Recibe varios ascensos, escribe numerosos tratados, enseña en la Escuela Superior de Guerra y cuando recibe el diploma de oficial del Estado Mayor, se casa con Aurelia Tizón, su primera esposa que moriría en 1938 de un cáncer de útero, sin dejar hijos. Al parecer Perón era estéril.

Pero veamos sólo algunos detalles más de su carrera, previos e inmediatos a su encuentro con Eva. Perón no estuvo al margen de la revolución que derrocó al presidente del partido radical Hipólito Irigoyen y que impulsaba un proceso de transformaciones sociales de alguna importancia que lo enemistó con los sectores dominantes. Con respecto al tema, dijo años más tarde que haber participado en el golpe de 1930 no significaba otra cosa que obedecer a los que por entonces eran sus superiores. También sostuvo en una entrevista que le hiciera en 1965 el escritor y periodista uruguayo, Eduardo Galeano, hablando justamente de esas cuestiones de mandar y obedecer que: "manejar a los hombres es una técnica, la técnica del líder. Una técnica, un arte de precisión militar. Yo lo aprendí en Italia, en 1940. ¡Esa gente sí que sabía mandar!".

Perón tenía una respuesta inmediata para todo y para todos. Cuando una vez Evita le comentó de muy mal humor que le parecía pobre el nombramiento como secretario del ministerio de Guerra y del Trabajo que acababa de aceptar, él respondió con la amplia certeza del caso: "Ellos creen que es un puesto secundario. En realidad el verdadero poder se apoya en los sindicatos. Y en la radio".

# ¿Molesto?

En 1945 Juan Domingo Perón inicia su primera gira electoral por Córdoba, La Rioja, Catamarca, Tucumán, Jujuy, Santiago del Estero, Salta y Santa Fe. Evita, apasionada por la actividad política, se une a la comitiva en Santiago del Estero. Regresan a Buenos Aires el 1 de enero tras un gran éxito en las provincias. La gente se apostaba a ver pasar el tren de campaña, con la figura fresca, blanca y rubia de Eva, como un hada a punto de conseguir la varita mágica para cumplir los deseos de toda esa gente. Es así como el 24 de enero de 1946, la fórmula Perón-Quijano obtiene un 56% de los votos y la Unión Democrática el 44%. A partir de este momento Eva, como primera dama, comienza su carrera contra la pobreza, la desigualdad y los "oligarcas".

Cuenta Eva en sus memorias:

Hasta 1943 las reivindicaciones obreras en la Argentina tenían una doctrina y una técnica que no se diferenciaban para nada de la doctrina y técnica de los demás países del mundo. La doctrina y la técnica eran pues internacionales, vale decir extranjeras en todas las Patrias y para todos los pueblos, porque cuando una cosa es internacional pierde incluso el derecho de tener Patria aun en su país de origen. No diré que los anteriores fueron malos dirigentes, por el contrario creo que cumplieron lo mejor que pudieron con la masa que en ellos depositó su confianza. ¡O su desesperación! Porque, frente al egoísmo brutal de la oligarquía capitalista y despiadada ¿qué otra cosa que desesperación podía tener la masa obrera al elegir sus dirigentes?

## Primera Dama o un adiós a los esquemas elitistas

Tampoco era fácil el papel de primera dama. El fuerte machismo argentino ejercido por hombres y mujeres había minimizado el papel de aquellas que la ley consideraba "primeras damas". Qué tanto tenía que meter sus narices una mujer, aun siendo la esposa del presidente, en los asuntos de Estado. Las castas tradicionales argentinas no soportaban la actividad de una mujer en la política, menos si provenía de la llamada clase baja, y muy grave si además había sido actriz. De qué manera podrían aceptar a Eva Perón, no sólo los hombres que sintieron usurpar sus espacios de poder sino, y casi peor aún, las mujeres de la oligarquía que vieron en Evita una usurpadora. ¿Por qué aceptar a Eva entonces?

Pero las señoras y señores de la sociedad porteña no contaron con que el odio de clases era recíproco. Odio agravado por la pobreza y la marginación que la primera dama había padecido en su infancia. Bien sabido es que el hostigamiento y la exclusión sólo pueden generar represalias.

Para empezar, y conmovida por los problemas de la mujer, Evita comenzó a bregar porque se anulara del Código Civil la calificación de "hijos adulterinos", "hijos sacrílegos" e "hijos putativos" a los mal llamados hijos naturales, fruto de uniones no santificadas por la Iglesia o los Tribunales (así figuraba hasta entonces en el acta de nacimiento). Echó las bases para que dos años después, en 1948, el gobierno peronista estableciese el divorcio vincular. Ya antes, el 23 de septiembre de 1947, ante una multitud entusiasta convocada por la CGT, Evita presentó la ley que concedía a la mujer el derecho al voto. Desde principios de siglo se propiciaron iniciativas similares, pero todas conocieron el fracaso. Ante los ojos vigilantes de la Iglesia, los senadores y diputados peronistas, mayoría en ambas cámaras, dieron vueltas y revueltas, luciéndose con extensas diatribas acerca del asunto. Un día, aburrida de tanta espera para una simple respuesta, Eva entró con una silla al recinto parlamentario, tomó asiento con discreción y se puso a oír el debate. Los congresistas enmudecieron mirándose entre sí. Evita sólo preguntó: "¿Molesto?".

Sin duda, sus triunfos alegraban a Perón. Aquellos logros serían atribuidos a sus gestiones o aprobación. Sin embargo no eran pocas las veces que sonreía con indulgencia a las simpáticas propuestas de su esposa. En una ocasión, Evita opinó acerca de la necesidad de tener ocho senadoras. Los legisladores se negaron a la propuesta de la primera dama, pues sólo aceptaban seis. Perón entonces pidió a la "Presidenta del Partido Femenino" que renunciara a la idea de dos puestos más en el senado y comentó como si se tratase de un simple capricho de mujeres: "Seguramente nos va a decir que sí, son tan generosas las mujeres...". La señora Rosa Calviño, delegada de la primera unidad básica de mujeres y luego senadora, cuenta, recordando el episodio presenciado por ella, que Evita no pudo sino aceptar, pero al llegar a la calle le dieron náuseas y tuvo que regresar a vomitar.

## Con los pobres de la tierra

Era conocida su afición y empeño por visitar las "Villas miseria", barrios marginales donde de cerca y en contacto directo podía comprobar la inquietud y necesidad de la gente. Muchas de esas cosas de la pobreza era cierto que las había vivido, pero pese a la pobreza, nunca le había tocado vivir en la miseria absoluta como sí padecía ese pueblo al que se acercaba cada día más, para paliar, aunque sea un poco, tanta carencia, o simplemente en busca de votos, según sus detractores.

Cuenta la escritora Alicia Dujovne Ortiz, que una de esas ocasiones visitando la Villa Soldati, villa un poco más miserable aún que las demás, a Eva Perón le llamó la atención un bulto de trapos que se movía en un rincón. Eva se acercó y vio un niño pequeño con el pelo desordenado cubriéndole parte de la cara. Cuando se arrimó, lo que parecía la cabellera del muchachito se alzó en el aire en medio de un zumbido: eran cientos de moscas. Eva se hizo a un lado espantada. Esa noche no pudo dormir. A los tres días volvió acompañada por el intendente de Buenos Aires y el ministro de Salud Pública e informó a la gente que a partir de ese día tendrían una vivienda decente, que se llevaran lo mínimo y necesario para los primeros dos o tres días y uno que otro recuerdo apenas. Ordenó entonces a las autoridades prender fuego a la Villa. Ella misma supervisó el operativo durante ocho horas. Cuando

*María Eva Duarte —la popular Evita— tuvo una larga, apasionada y conflictiva relación con los medios. Aquí aparece leyendo* Democrazia, *donde fue entrevistada el 10 de abril de 1947.*

© Leo Matiz

Arriba

*Retrato de Juan Domingo Perón, quien se casa con Evita en 1945. A partir de ese año, ella lo acompaña en su campaña electoral por todo el país.*

Páginas anteriores

*Evita saludando a la gente desde el balcón de la casa presidencial, en el quinto aniversario del movimiento peronista. 17 de octubre de 1950.*

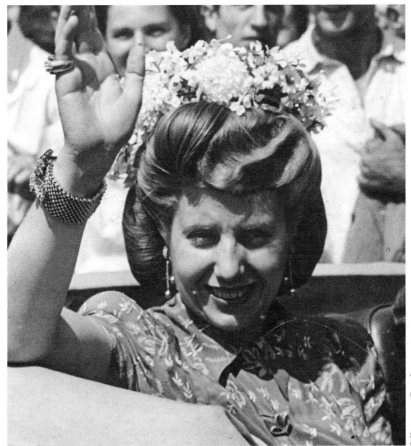

Arriba
*Evita en Milán, una de las ciudades europeas donde
representó a su esposo en 1947.*

Páginas siguientes
*Evita recibe una condecoración de la Central Nacional de Trabajadores en 1952.
Fue su primera aparición después de una seria enfermedad.*

*Evita, fotografiada el 10 de octubre de 1950 en su casa de Olivos, suburbio de Buenos Aires.*

trataron de disuadirla para que se fuera, ella respondió que no se iba hasta comprobar que se hubiese quemado todo. "Esta gente ha nacido en el barro —dice— esta noche cuando duerman entre sábanas limpias seguramente extrañarán el olor de la tierra. Yo los conozco, son capaces de volver y si aún encuentran un techo en pie seguro que se quedan".

Como complemento a sus arrebatos y prepotencia, Evita poseía una paciencia infinita, o quizá simplemente obstinación, y a eso mismo obligaba a los que la rodeaban. Cuando se escuchaban los comentarios de los opositores que reclamaban burlones, "para qué dar vivienda a esa gente bruta que levantan los pisos para hacer asados", Eva respondía: "Póngales otro parquet. Y después un tercero hasta que entiendan. Toma tiempo convencerse que uno también tiene derecho a vivir decentemente".

Eva sabía que lo peor que aquejaba a esas pobres gentes o a la gente pobre, era la falta de ganas. Los había visto asomados entre paredes y techos de cartones con la mirada vacía; con esa desidia o falta de ganas que impide hasta quitar la basura que se arroja casi a la entrada misma del rancho. No es por pereza, como se dice, sino por tristeza. Los pobres pierden el deseo, hasta se olvidan de comer porque cuanto menos se come menos hambre se tiene.

Eva lo sabía y de una manera particular apuntó a provocarles deseos. Sobre esa base crea la Fundación Eva Perón: mostrar lujo, dar lujo a los pobres para que aprendan a desear. "Hay que querer", decía, "Ustedes tienen el deber de querer y pedir".

## Algunos antecedentes, incidencia en la época y legado

En su primer discurso oficial Evita se presentó:

> La mujer del Presidente de la República, que os habla, no es más que una argentina más, la compañera Evita, que está luchando por la reivindicación de millones de mujeres injustamente pospuestas en aquello de mayor valor en toda conciencia: la voluntad de elegir, la voluntad de vigilar, desde el sagrado recinto del hogar, la marcha maravillosa de su propio país. Ésta debe ser nuestra meta...

Con estas palabras expresó su voluntad ante los derechos de la mujer absolutamente sometida al poder y decisión del hombre. Su meta personal era lograr la participación de la mujer en la política, aunque no había sido la primera en el país trabajando para lograrlo. Desde los primeros días se la podía encontrar en el Congreso dialogando y persuadiendo a los legisladores sobre los derechos civiles de la mujer, hasta que en 1947 el Congreso aprobó una ley que permitió a las mujeres incursionar en cargos públicos y ejercer su derecho al voto.

Sin embargo no todas las mujeres consideraron que era un logro de Evita. Por el contrario, ganó muchas críticas y esta situación produjo encono y confusión. Sucedió que muchos de esos logros del peronismo, los que atañen a Eva particularmente, fueron el broche final de otras luchas iniciadas en aquellos primeros tiempos de María Eva Duarte, aquellos tiempos transcurridos, inclusive, cuando aún no había nacido. Veamos qué otras historias se sucedían por esos tiempos de finales del 1800 y comienzos de 1900.

En el libro *Las Mujeres y la Patria*, la escritora argentina Lucía Gálvez nos cuenta acerca de aquellos comienzos de lucha. En 1896 empezó a editarse un periódico bajo el título *La Voz de la Mujer*, acompañado de la leyenda "Sale cuando puede". Un grupo de mujeres españolas e italianas, en su mayoría anarco-comunistas, lo pensaba, lo financiaba, lo escribía y lo firmaba bajo seudónimos del tipo de: "Grupo de vengadoras", "Hacha y veneno", "Una serpiente para devorar burgueses", "Sin Dios, sin Patrón y sin Marido" y otras un poco menos duras que se apodaban "Una que está en el camino" o "Viva el amor libre".

A partir del concepto de la fusión de ideas socialistas y anarquistas, estas mujeres, más algunos señores que las apoyaban, bajo seudónimos acordes con los ya citados, buscaron crear un nuevo orden social no tanto "más justo e igualitario" sino un orden socialmente "justo e igualitario". Como éstas son varias las mujeres que se ocupan de estos temas.

En 1902, las mujeres universitarias crean su propia asociación donde luchar por la igualdad de derechos políticos y civiles; se logró un proyecto de modificación del Código Civil sobre los derechos de las mujeres casadas. Proyecto que fue presentado al diputado socialista Alfredo Palacios para ser presentado en el Congreso. El conflicto se daba también entre las mujeres solteras y las casadas, porque estas últimas se veían en la obligación de abandonar hijos y hogares en las horas de trabajo.

En 1918 cuando aún María Eva Duarte no había nacido, la señora Julieta Lanteri, médica y que después de obtener su ciudadanía argentina creó el Partido Feminista Nacional, se presentó como candidata a diputada, porque si bien no se había dado esa situación tampoco la ley lo prohibía. O sea que la ley no consideraba a la mujer ni siquiera para prohibir su participación. Simplemente no eran tenidas en cuenta. Socarronamente los hombres vieron votar a esta señora.

Como consecuencia no tardó mucho en dictarse una ley según la cual para votar era necesario haber cumplido el servicio militar. Entre idas y venidas de ese tipo la señora Alicia Moreau de Justo en 1920 organizó el Comité Pro Sufragio Femenino. Realizaron un simulacro de elecciones, para crear el hábito en la sociedad. Alicia Moreau iba por el Partido Socialista e invitó a la señora Julieta Lanteri, por la Unión Cívica Radical y Alicia Rawson que presentaba su propia candidatura basada, casi igual que en los otros casos, en la reivindicación de los derechos de la mujer: derechos civiles y políticos iguales para hombres y mujeres; igualdad para hijos legítimos e ilegítimos; igual pago por igual tarea; divorcio absoluto; abolición de la pena capital, etc.

Durante veinticuatro días hubo campaña electoral, Alicia Moreau de Justo repartió 20 mil volantes en fábricas, talleres y plazas. Votaron más de 3 mil mujeres. Moreau ganó y Lanteri salió segunda. Desde entonces hasta 1926 se presentó esta última como candidata. En ese año se sancionó la ley de derechos civiles femeninos según la cual todas las mujeres, solteras, casadas, divorciadas o viudas eran consideradas jurídicamente iguales a los varones.

## Y las mujeres pudieron votar

Así estaban las circunstancias cuando en septiembre de 1947, el gobierno de Perón, gracias a Eva Duarte, sancionó la Ley 13.010, dando a las mujeres el derecho al sufragio que venían reclamando desde comienzos de siglo. Las mujeres que habían bregado por todo aquello se sintieron relegadas, les había sido robada su bandera. Los logros de Evita fueron considerados seguramente como una "graciosa concesión" de Perón hacia "esa mujer", como llamaban a Evita. Una vez más el "odio de clase" fue mayor que la necesaria e imprescindible complicidad de género. Tanto habían luchado y Eva Perón les quitó la bandera del triunfo. La luchadora feminista de toda la vida, Alicia Moreau de Justo dijo entonces: "No basta para ser ciudadano tener una boleta de voto, hace falta algo en la cabeza... y en el corazón", por supuesto que no es equivocado el concepto, sin embargo no era el mejor momento para esa reflexión.

El odio y la represalia, causa y consecuencia siempre, se hallaba en su mejor forma. En 1952, a raíz de ciertas declaraciones de la escritora Victoria Ocampo contra el peronismo y quien era acérrima opositora de Eva Perón sufre en carne

*Silvia Miguens*

propia el odio de clase. El gobierno peronista allana el local de la revista *Sur*, que ella dirige, y es encarcelada en el Buen Pastor, durante veintiséis días. Victoria y la Federación de Mujeres Argentinas habían pregonado desde la revista *Sur* que la nueva ley era "una maniobra política".

El 26 de julio de 1949, Eva dispuso un censo de mujeres peronistas en todo el país con el fin de organizar ella misma la primera Asamblea Nacional del Movimiento Peronista Femenino en el Teatro Cervantes. Se proclamaron los logros sociales y la creación del Movimiento Peronista Femenino que se presentaría en las Unidades Básicas, donde no sólo se impartía capacitación política, sino clases de alfabetización, de corte y confección, danzas regionales, arte culinario, asistencia médica, jurídica y de enfermería; todo esto se convertiría más tarde en el Partido Peronista Femenino. Sin embargo, Evita no era feminista. A diferencia de muchas que sí lo eran, Eva bregaba por la familia reivindicando el papel de la mujer en el hogar, y conservaba ciertos conceptos machistas de los que renegaba pero de los que nunca logró zafarse. "(...) La razón es muy simple: el hombre puede vivir exclusivamente para sí mismo. La mujer, no. Si una mujer vive para sí misma, yo creo que no es una mujer o no puede decirse que viva...".

## *Evita descubre a Europa*

Su viaje a España, en 1947, en pleno auge del franquismo, fue sin duda un hito no sólo en la historia de Evita sino en la historia de las mujeres. Le habían preparado para ese evento una agenda importante y discursos así como un vestuario y joyas a la altura de las circunstancias, digno de lo que se esperaba de ella. Por qué defraudar a sus opositores, además si bien no era un lujo corriente por esos días en la Europa de postguerra, sus consejeros, o asesores de imagen consideraron que esa era la percepción que convenía mostrar de una Argentina que se suponía próspera.

Dice Evita en sus memorias, "(...) todavía no me había lanzado sino tímidamente a construir. Quería aprender de la experiencia de las viejas naciones de la tierra. Las obras sociales de Europa son, en su inmensa mayoría, frías y pobres. Muchas obras han sido construidas con criterios de ricos".

Cuando regresó, Eva traía no sólo un bagaje importante acerca del tema sino que además había asimilado muchas otras cosas. Volvió sin duda elegante, distinguida y convencida de que su misión era trabajar para su pueblo. Para poner en evidencia su cambio y formalidad o quizá simplemente convencida de ello, desde entonces encerró su mata de pelo rubio para siempre en un severo rodete. Aunque tal vez no fue sólo por lo vivido o adquirido en Europa sino también por algo que le habían sugerido antes de irse un grupo de mujeres. Así lo contó el director del diario *Democracia*, el señor Valentín Thiébault, diario que pertenecía a la misma Eva.

Las mujeres llegaron al diario, eran mujeres humildes, de piel morena y pobremente vestidas. Preguntaron por Eva pensando que allí la encontrarían. Habían viajado mucho para verla. Por tanto fue el mismo director del diario quien las recibió. Una de ellas dijo: "Le explico por qué vinimos, señor.

Evita va a representar a las mujeres argentinas en Europa y nosotras queremos que esté muy pero muy linda. Así que el consejo que le queremos dar es que se peine con rodete. Es lo que le queda mejor: el rodete. ¿Usted se lo podría decir de parte nuestra?".

Ese segundo viaje fundacional de su mito —el primero había sido de Junín a Buenos Aires— comenzó un 6 de junio de 1947, y se llevó a cabo en dos aviones especialmente equipados y rodeada de una amplia comitiva. El itinerario: España, Italia, Portugal, Francia, Suiza, y ya de regreso, Brasil y Uruguay. En España, donde congregó a miles de personas en la plaza mayor de Barcelona junto al generalísimo Franco, Evita le dijo: "¿Quiere un consejo? Cuando necesite reunir una multitud como ésta, mándeme llamar".

En realidad el dictador Franco había invitado a Perón, y nunca se imaginó que enviaría a su esposa en reemplazo. De este modo agradecía al gobierno argentino haber sido el único país que había apoyado a España en las Naciones Unidas. Argentina se había visto favorecida gracias al aumento de sus exportaciones. Los europeos necesitaban trigo e innumerables materias primas que no podían producir en ese momento. Argentina figuraba por esos tiempos entre los países más prósperos. Además muchos europeos nuevamente llegaban al país aunque en este caso ya no eran campesinos analfabetos, como había sucedido durante otras corrientes migratorias. Tanto las víctimas del nazismo como sus verdugos, eran profesionales y obreros calificados. Argentina acababa de restablecer relaciones diplomáticas y comerciales con la Unión Soviética y formaba parte de las Naciones Unidas; Estados Unidos comenzó a vislumbrar que el gobierno peronista era más accesible de lo pensado; cuando Perón le da su respaldo a Franco, contra los republicanos, peronistas de izquierda, como Isaías Santín, líder sindical muy próximo a Evita, se sienten desconcertados por la manera de moverse de Perón. ¿Se movía quizá de manera tal como para no dejar ningún flanco sin cubrir, suponiendo que era inevitable una tercera guerra? Lo cierto es que su presencia ante Franco hubiera provocado mayor extrañeza aun en cada uno de esos flancos que parecía querer cubrir. No sucedería así con la presencia de Eva pues al dar aquellas imágenes de bonanza y puerilidad bajaba quizá un poco el nivel de compromisos políticos.

Antes de partir con su gran séquito y baúles como corresponde a una verdadera primera dama, Eva inaugura el primero de sus "hogares de tránsito", pensado para albergar a las muchachas que llegaban a Buenos Aires, desde el interior del país como alguna vez lo hizo ella misma. La idea de allanar el camino de esas muchachas y que tuvieran un espacio agradable, cálido y alegre donde habitar hasta tanto encontrasen empleo y destino, sin sentirse solas y a su suerte, fue una más de las medidas tomadas por Evita que fueron criticadas y tomadas como demagógicas.

Cuando regresó, en la dársena norte del puerto de Buenos Aires, por donde atracó el barco, la recibió una multitud que esperaba sus palabras: "He recorrido la vieja Europa y he visto desolación, hambre y miseria, y vuelvo con la certidumbre de que es inútil cerrar los ojos a la realidad y dejar que la oligarquía y el capitalismo nos sigan atacando". A partir de ese momento se abocó a la tarea de crear el Partido Peronista Femenino y luchar por el voto a la mujer.

## Mil escuelas

Como consecuencia de este viaje a Europa, del que quedan miles de anécdotas en favor y muchas en contra, se robustece la idea de la Fundación Eva Perón, y con la fundación, sus mayores obras en cuanto a lo social: mil escuelas, dieciocho hogares-escuela, la Ciudad Infantil Amanda Allen y la Ciudad Estudiantil, cuatro hospitales en la capital y varios en el interior, cuatro hogares de ancianos donde se les brindaba comida, techo y trabajo. Infinidad de complejos habitacionales, campeonatos de fútbol, natación, baloncesto y esgrima, y torneos de atletismo que congregaban a todos los niños del país. Además se construyeron tres enormes unidades de turismo en Mendoza, Córdoba y Mar del Plata.

Se ha dicho que los dineros para mantener la Fundación a partir de 1948 provenían de toda la sociedad. Desde los obreros hasta los empresarios estuvieron todos obligados a colaborar. Lo cierto es que la Fundación y todas las demás entidades que se dedicaban al asistencialismo —pues eso era en última instancia el plan de gobierno, es decir no se iba a las raíces de los problemas sociales— funcionaban y cumplían su cometido de albergar, curar, alimentar, divertir, paliar y amenizar buena parte de esa pobreza casi inevitable a la que está sometida siempre una buena parte de la población. Es decir, asistir a los menesterosos. Tan es cierto esto que en el otro polo, los negocios nunca estuvieron mejor acentuándose la brecha entre los muy ricos y los pobres, aunque estos ya fueran un poco menos pobres, gracias a las golondrinas del asistencialismo.

En el momento mismo que llevaba a cabo esa actividad social y se veían los resultados, a Evita le tocó enfrentar a los que la consideraban demagoga simplemente por quitar a los que tenían para dar a los que no tenían:

> No es filantropía, no es caridad —dice—, no es limosna, no es solidaridad social ni beneficencia. Es estrictamente justicia. La beneficencia y la limosna de la ayuda social son para mí ostentación de riqueza y poder. No hacen otra cosa que humillar aún más a los humildes. Lo que yo hago no es otra cosa que devolver a los pobres lo que todos los demás le debemos, porque se lo habíamos arrebatado injustamente.

## Con el Partido Peronista Femenino

Con el Partido Peronista Femenino nace no sólo la posiblidad de poder votar y elegir, sino también la posibilidad para las mujeres de ser elegidas. Constaba el partido de dos columnas básicas: las "células mínimas", que tenían como fin detectar las necesidades sociales y las "delegadas censistas", que además de censar a las mujeres de todo el país se ocupaban de adoctrinar y concientizar. De este modo, en todo el país se fueron abriendo las Unidades Básicas Femeninas con su sede central en el 938 de la Avenida Corrientes de la capital argentina. "Es necesario que las mujeres argentinas se organicen y no se entreguen jamás a la oligarquía —manifestó Eva—, con ellos no nos entenderemos jamás, porque lo único que ellos quieren es lo que nosotros no podremos darles nunca: nuestra libertad".

En poco más de dos años se habían puesto en funcionamiento más de 3 mil 500 Unidades Básicas a lo largo de todo el país. Pronto las mujeres del partido tuvieron su propio Consejo Superior, que funcionaba como un partido independiente al de los hombres. El mismo Perón, en un acto llevado a cabo en la casa de gobierno, manifiestó su orgullo ya que nunca había existido una agrupación tan disciplinada, virtuosa y patriótica como aquella. Las cosas fueron de tal magnitud que Eva dijo no haberse imaginado nunca con la responsabilidad de encabezar un movimiento femenino, mucho menos un partido político. Los resultados pues, habían superado sus expectativas. "Eso me exigió —reflexionaba— meditar muy bien los problemas de la mujer. Y más que meditarlos, me exigió sentirlos a la luz de la doctrina con la que se empezaba a construir una nueva Argentina". Se inició otra etapa en la historia de las mujeres en Argentina, su incorporación efectiva a la vida política nacional. Así, accederían a las bancas del Congreso, esos sitiales que hasta entonces habían sido exclusivo patrimonio masculino.

Pero Eva comenzaba a sucumbir frente a una penosa enfermedad. El 3 de noviembre de 1951 Perón la trasladó a un hospital de la localidad de Avellaneda, creado por la Fundación Eva Perón, para ponerla en manos del doctor Finochietto, uno de los más prestigiosos médicos argentinos. Una semana más tarde, el 11 de noviembre, desde la cama de aquel hospital la ciudadana Eva Duarte Ibarguren de Perón emite su primer voto a la par de ciento de miles de mujeres en toda Argentina.

Al año siguiente, frente a la casa de gobierno, la famosa Casa Rosada, el 1 de mayo de 1952 el pueblo se cita para festejar el día internacional de los trabajadores. Sus Descamisados esperan a Eva. Y a Perón. Eva se asoma y alza los brazos. Apenas se tiene en pie, el cáncer ya la había devorado. Su marido la sostiene por la cintura.

> Yo saldré con el pueblo trabajador... —comienza a decir y con su voz vibrante aunque quebrada —yo saldré con las mujeres del pueblo, saldré con los Descamisados de la Patria, muerta o viva, para no dejar en pie un solo ladrillo que no sea peronista. (...) No vamos a dejarnos aplastar jamás por la bota oligárquica y traidora... nosotros no nos vamos a dejar explotar por los que, vendidos por cuatro monedas, sirven a sus amos de las metrópolis extranjeras y entregan al pueblo con la misma tranquilidad con que han vendido al país y sus conciencias...

# NACE EL MITO

El primer signo de enfermedad aparece a comienzos de 1950, cuando cayó desfallecida en un acto. A los pocos días la subsecretaria de Informaciones anunció que la esposa del primer mandatario debería alejarse temporalmente de sus actividades e internarse por unos días como excusa de una pequeña intervención quirúrgica de apendicitis. Los médicos detectaron tejido cancerígeno que extrajeron para una biopsia. Al mes siguiente sufrió otro desmayó en la Fundación. A los quince días del incidente volvió a su ritmo de trabajo en la Secretaría de Trabajo y Previsión. En mayo de 1950 el doctor y ministro de Educación, Oscar Ivanissevich renunció como ministro y médico personal de Eva, cansado de las continuas desobediencias de Evita. No había manera de que Eva aceptara la gravedad de su enfermedad, suponía que se la estaba alejando del entorno presidencial y su actividad. Tampoco Perón lograba convencerla de trabajar menos. Se volvía irritable y desconfiada. Haciendo referencia a esos días, Perón cuenta:

> Había perdido a mi esposa en todos los sentidos. Sólo nos veíamos ocasionalmente y muy poco tiempo, como si viviésemos en ciudades distintas. Evita se pasaba muchas horas trabajando sin parar y regresaba de madrugada. Yo acostumbraba salir de la resi-

dencia a las seis de la mañana para ir a la Casa Rosada y me la encontraba en la puerta, agotada pero satisfecha de su trabajo. "Hacer todo esto me hace sentir que soy tu esposa", me decía.

En 1951 ya su ritmo de trabajo había descendido considerablemente y los dolores comenzaron a postrarla. No obstante, la CGT hizo pública su decisión de proponer la fórmula presidencial "Perón-Evita", y convocó a un Cabildo Abierto del peronismo, programado sin la presencia de Evita. Los reclamos del pueblo obligaron a hacer su aparición a Eva, consumida y desmejorada. El pueblo pedía a Eva como vicepresidente, por eso amenazó con un paro general cuando Eva les rogó un lapso para responder. Ante la insistencia, ella pidió un plazo de dos horas que fue aceptado. Sin embargo, el 31 de agosto se retractó rechazando la postulación.

La crisis económica que atravesaba el país desde 1949, había debilitado al gobierno peronista. En septiembre de 1951 se produjo una contrarrevolución neutralizada por la organización popular. El día 28 del mismo mes, las masas populares se dirigieron a la Plaza de Mayo en respaldo al gobierno peronista. Allí se dio la primera confirmación oficial de que Evita padecía una leve anemia, por lo que se le practicaban transfusiones de sangre y se le había ordenado reposo, motivo por el cual no se presentaría ante el fervor de las masas. Eva no estuvo en el balcón en esa ocasión. Envió un mensaje radial: "(...) Pero no quiero que termine este día memorable sin hacerles llegar mi palabra de agradecimiento y de homenaje uniendo así mi corazón de mujer argentina y peronista...".

## *Evita intenta armar al pueblo*

Eso no fue sino un saludo para que supieran que las interminables transfusiones de sangre no alcanzaban para que pudiese llegar al balcón, pero sí para hacer efectivas sus órdenes. Por esos días, con dineros de la Fundación compró 5 mil pistolas automáticas y 1.500 ametralladoras y dio la orden de entregarlas a los obreros por si se daba otro intento contrarrevolucionario, a través de un golpe militar a Perón. Tampoco se equivocó ese día cuando le dijo a una de su amigas: "La enemiga de la oligarquía soy yo, no el general".

Con el típico descreimiento que todo machista profesa sobre su mujer, apenas muerta su esposa, el presidente Perón donaría las armas a la Gendarmería, incumpliendo el último deseo de Evita. Las mismas sirvieron para que más tarde, en 1955, la oligarquía, sobre la que tanto alertara Evita, derrocara a Perón a sangre y fuego. Ya mucho antes, el 15 de octubre de 1951, nueve meses antes de su muerte, se lanzó su libro *La razón de mi vida* con una primera edición de 300 mil ejemplares y excelentes críticas en los círculos literarios. Años después se dijo que había sido el periodista Manuel Penella quien contribuyó a su redacción. El 17 de octubre Eva pudo, por primera vez en veinticuatro días, levantarse para asistir al acto que conmemoraba aquellos días tan importantes para el peronismo. En el acto se le entregó la Distinción del Reconocimiento y Juan Perón le otorgó la Gran Medalla Peronista. En su discurso, Eva hizo nueve veces mención de su muerte. Aquel discurso es considerado como su testamento político.

El 5 de noviembre un prestigioso médico norteamericano, George Pack, le practicó una intervención quirúrgica, advirtiendo de su pronóstico y que sólo si Evita mantuviese reposo absoluto, en un plazo de seis a doce meses podría prolongar su vida, aunque su estado era muy delicado.

## Reelección de Perón y último discurso

El 11 de noviembre se efectuaron los comicios. Perón es reelecto con un 60% de los votos. Concluye así otra lucha de Eva, quien con su Ley 13.010 obtuvo no sólo la aprobación del gobierno para que la mujer pudiese votar, sino que consiguió la reelección de Perón. Evita votó desde su cama, feliz de saber que su obra había tenido éxito y sería para siempre. De todas maneras, la vicepresidencia parece condenada a la vacancia, pues dos meses antes de asumir, fallece el vicepresidente Quijano, que quedó como candidato luego de la renuncia de Eva.

Evita, de todos modos, siguió recibiendo gente y trabajando en un gran sofá donde todas las mañanas sus asistentes, entre ellos el modisto Paco Jamandreu, la vestían y preparaban para la ocasión. Aquella rutina se convirtió en un motivo para seguir viviendo. Evita simulaba creer los engaños de los que la rodeaban, no obstante un día le dijo al padre Hernán Benítez, señalando a los amigos: "(...) Ellos me mienten como si yo fuese una cobarde. Yo sé que estoy en un pozo y que de este pozo no me saca nadie".

Su masa corporal se reducía constantemente. Llegó a pesar 38 kilos, y una sobreexposición a las radiaciones le había provocado intensas quemaduras. El doctor Pedro Ara en su obra póstuma cita: "(...) Si su espíritu pareció seguir lúcido y vibrante hasta el fin, su cuerpo habíase reducido —según sus médicos— al simple revestimiento de sus laceradas vísceras y sus huesos. En 33 kilos parece que llegó a quedar aquella señora tan fuerte y bien plantada en la vida...".

De todos modos el 1 de mayo de 1952, a menos de tres meses de su muerte, se obstina y presencia el acto junto a Perón. El pueblo al verla la alienta a decir su discurso, el último. Con mucho esfuerzo lo pronuncia y al terminar cae en brazos de Perón. Éste recuerda que la llevó tras las ventanas del balcón y que sólo se escuchaba la respiración de él mismo, pues Eva parecía muerta. El 7 de mayo, día de su cumpleaños, recibió el título de Jefa Espiritual de la Nación. En la Avenida Libertador miles de personas se apretujaban a saludarla y una caravana de 130 taxis hicieron sonar sus bocinas en saludo. Finalmente apareció en la gran terraza y saludó a la multitud.

El 4 de junio de 1952 Perón asumió por segunda vez la presidencia. Eva se obstinó en asistir al acto y le mandaron decir que no bajo el pretexto de que hacía frío, Evita respondió con mucho enojo: "(...) Eso se lo manda decir Perón. Pero yo voy igual: la única manera de que me quede en esta cama es estando muerta". No pudieron convencerla. Con una fuerte dosis de calmantes concurrió al acto de asunción, se negó a sentarse, permaneció de pie durante todo el acto.

Los 52 días de vida restante los empleó en preparar su entorno con respecto al inexorable final. Agonizante es trasladada a un vestidor acondicionado con todo lo necesario: un cuarto que tomó sin dudas el aspecto de una habitación de hospital, vitrinas con medicamentos, una cama ortopédica y un pequeño tocador con espejo ovalado.

Juan Domingo Perón lo recuerda así: "(...) Aquellos días de cama fueron un infierno para Evita. Estaba reducida a su piel, a través de la cual ya se podía ver el blancor de sus huesos. Sus ojos parecían vivos y elocuentes. Se posaban sobre todas las cosas, interrogaban a todos; a veces estaban serenos, a veces me parecían desesperados...".

# ¿El fin?

El 18 de julio a las 3:30 de la tarde entró aparentemente en coma, ante tal situación los médicos llamaron al padre Benítez, fiel asesor espiritual de Evita. Una madrugada Evita se levantó airosamente y ordenó le quitasen los tubos. Pidió luego una taza de café. El médico, en presencia de la familia, mintió piadosamente: "(...) Señora, acabamos de extirparle el nervio que le causaba tanto dolor en la nuca, tranquilícese ahora. Ya no sufrirá más".

Perón hizo viajar de Alemania a dos especialistas que llegaron el 20 de julio y confirmaron que la muerte de Eva Duarte era inevitable e inminente. Ese mismo día Perón habló con el padre Benítez rogándole que fuera preparando el ánimo del pueblo desde la misa popular que había organizado la CGT y que él conduciría.

El sábado 26 de julio de 1952, a las 10:00 horas, Evita entró en un sopor profundo. A las 17:00 horas, en coma. El lecho fue rodeado por todos sus hermanos y más allegados colaboradores. A las 20:23 el doctor Taquini anunció al general Perón: "Ya no hay pulso". A las 20:25 el general Perón anunció a los que le rodeaban, "Todo ha terminado, Evita ha muerto".

A las 21:36 por la cadena de radiodifusión se informó: "Cumple, la secretaria de Informaciones de la Presidencia de la Nación, el penosísimo deber de informar al pueblo de la República que a las 20:25 horas ha fallecido la señora Eva Perón, Jefa Espiritual de la Nación. Los restos de la señora Eva Perón serán conducidos mañana al Ministerio de Trabajo y Previsión, donde se instalará la capilla ardiente...".

Pocos días atrás Eva había dicho: "Somos países dependientes. Cuando el pueblo se levante y concrete la Revolución, serán derrotados la soberbia del dinero, el privilegio y la prepotencia: se terminará con la insidia, la maldad y el discrecionalismo. (...) Los irracionales fundamentos de la sociedad burguesa demuestran que ésta es sólo una etapa de transición entre un consenso que está agonizando y otro que se expande vigoroso...".

## Último deseo

El último deseo de Eva Duarte, expresado a su esposo Juan Domingo Perón, fue que no quería consumirse bajo tierra, por tanto rogó ser embalsamada. El doctor Pedro Ara procedió entonces a efectuar los primeros trabajos para su embalsamamiento. La CGT decretó un duelo de 72 horas y en las plazas de todos los barrios porteños se erigieron pequeños altares con la imagen de Eva y un crespón negro recordándola.

El día 27 el cuerpo fue trasladado a la Secretaría de Trabajo y Previsión donde el velatorio multitudinario se prolongó hasta el 9 de agosto. La fila de personas era de unas 35 cuadras. Desde la Fundación repartían frazadas para afrontar las adversas condiciones que se presentaron durante el velatorio y se instalaron puestos sanitarios. El féretro estuvo custodiado. Llegado el 9 de agosto el cuerpo fue trasladado hasta el Congreso Nacional para rendirle los correspondientes honores. Al día siguiente la mayor procesión que se ha visto en la Argentina se puso en marcha y fue presenciada por 2 millones de personas. A las 17:50, mientras la ciudad silenciosa se estremecía por una salva de veintiún cañonazos, se introdujo el ataúd en el segundo piso de la CGT donde el doctor Pedro Ara la recibió para efectuar entonces los trabajos de embalsamiento. Durante todo el mes la programación radial se interrumpía cada tanto para que el locutor oficial repitiera: "Son las veinte y veinticinco, hora en que Eva Perón entró en la inmortalidad". Se decretó duelo nacional durante ese mes y se obligó a llevar luto u otra señal de duelo.

Pocos días antes de su muerte Evita escribió:

> Desearía también que los pobres, los ancianos, los niños, mis Descamisados sigan escribiéndome como lo hacen en estos tiempos de mi vida y que el monumento que quiso levantar para mí el Congreso de mi pueblo recoja las esperanzas de todos y las convierta en realidad por medio de mi Fundación, que quiero siempre pura como la concebí para mis Descamisados. Así yo me sentiré siempre cerca de mi pueblo y seguiré siendo el puente de amor tendido entre los Descamisados y Perón. (...) Quiero vivir eternamente con Perón y con mi pueblo. Dios me perdonará que yo prefiera quedarme con ellos, porque Él también está con los humildes y siempre he visto que en cada Descamisado Dios me pedía un poco de amor que nunca le negué.

# EVITA O EL CADÁVER VIAJERO

Evita misma percibe que la muerte no era el fin de su historia, hasta tal punto lucha para no dejarse morir. La historia recién comenzaba. El mito se ponía en marcha. Evita muerta era mucho más poderosa. Su verdadera peregrinación recién empezaba.

El operativo de embalsamiento se terminó en julio de 1953, al año justo de su muerte. Como corolario final al trabajo realizado por el doctor Pedro Ara, se le pintaron las uñas con esmalte incoloro, como ella había pedido, y se le volvió a decolorar el cabello que luego le fue trenzado como en las mejores épocas. Se la cubrió con un sudario blanco y la bandera celeste y blanca, y entre los dedos le fue colocado un rosario que le había regalado el papa Pío XII, la taparon con un vidrio. Como el monumento en que se había pensado aún no estaba listo, se armó una capilla ardiente con la Confederación General del Trabajo. A partir de ese día un reducido grupo tuvo acceso al recinto para volver a verla y el frente de la CGT permaneció por mucho tiempo tapizado de flores que la gente dejaba al pasar.

El peronismo ya estaba en las últimas. El golpe militar y la traición que Evita le había vaticinado a Perón, estaba a punto de llevarse a cabo. Con más razón entonces, el doctor Pedro Ara se convirtió de inmediato en víctima del periodismo;

había sido acusado de no hacer del todo bien su trabajo de embalsamador y de cobrar tres veces más de lo que realmente cobró, ya que según comentaba no había tomado las precauciones necesarias desde el primer momento como había sido comisionado. Ara nunca develó el proceso, pero efectivamente se mantuvo cerca de Eva esperando su muerte.

Lo cierto es que el día del golpe contra Perón en 1955, y preocupado por el destino del cadáver de Eva, corrió hacia el Palacio Unzué. Pese al golpe, Perón aún estaba en el Palacio, le tranquilizó pues ya le diría qué hacer. Días después el doctor Ara se enteró de que el ex presidente Perón se había exiliado sin dejar rastros ni directivas. Ara quedó como único responsable de Evita.

Todos los días subía hasta el segundo piso de la CGT, saludaba a los guardias que nadie había reemplazado. Las cosas parecían seguir igual. Ara pretendió acercarse al nuevo presidente de facto, Eduardo Leonardi y comentarle el caso. Sin embargo se reservó de tal modo que los antiperonistas habían olvidado o no sabían o, tampoco imaginaban que Evita aún estaba allí, o se mostraban escépticos frente a aquel cuerpo que parecía ser una estatua. Finalmente decidieron hacer caso de aquel extraño devoto de Evita y realizaron un peritaje. Comprobaron que era verdad lo que decía Ara y pese al extrañamiento se quedaron quietos. He aquí el nacimiento del mito, sin duda que Eva Perón comenzaba a molestarles de nuevo.

Leonardi, quien había tomado sus funciones de presidente luego del golpe, fue reemplazado por el general Pedro Eugenio

Aramburu y en la vicepresidencia se nombró al almirante Isaac Rojas. Feroces antiperonistas ambos. Se intervino la CGT, cientos de uniformes rodearon el peligroso cadáver. Ara, sin embargo, no se separaba de ella. Los líderes de la llamada Revolución Libertadora temían que Eva se convirtiera en objeto de culto por el pueblo al que por supuesto sabían en estado de horfandad. El almirante Rojas decidió entonces que había que "excluir el cadáver de Eva Perón de la vida política".

El teniente coronel Carlos Eugenio Moori Koening, jefe del servicio de inteligencia del gobierno, venía observando a Ara quien pedía una resolución al tema, entonces terminó por proponer al nuevo presidente Aramburu y a su mano derecha, el almirante Rojas, el "Operativo Evasión": apoderarse del cadáver y desaparecerlo sin dañarlo según ellos porque después de todo eran cristianos. Sacaron radiografías a la momia y le cortaron un dedo para terminar de reconocer a Eva Perón.

El cuerpo debía volver al ataúd en que había sido expuesta en el primer momento. El macabro cuadro se llevó a cabo, entre dificultades y muy diferentes sensaciones de todos los que presenciaron aquellos acontecimientos que por cierto fueron muchos. El cadáver de Evita fue tomado de los pies y los hombros y trasladado desde la plataforma hacia el cajón.

Muy generosa había resultado Evita con sus detractores. Cómo imaginar que alguno de esos, durante la última de sus apariciones y al conocerse su enfermedad, iba a escribir en las paredes de su casa, en el Palacio Unzué: "¡Viva el cáncer!"; tampoco que mientras se daba la noticia de su muerte muchas familias argentinas brindarían con champaña en el comedor mientras en la cocina de esa misma gente el personal de servicio lloraba a la muerta. Cómo suponer que iban a tomar el trabajo de pasear su pequeño cadáver con toda su carga explosiva por tan distintos lugares no sólo del país, sino de Europa.

El camión con el cadáver sale del garaje de la CGT, con el ataúd sin soldar porque misteriosamente había desaparecido el soldador para cerrarlo. Permanece estacionado toda la noche en el patio del Primer Regimiento de Infantería de Marina. Más adelante, cuando ya los nervios de Koening estaban suficientemente deteriorados, quizá cuando Evita comienza a demostrar que no olvida, el oficial cuenta que ya esa primera madrugada aparece junto al camión una vela encendida y un ramito de flores. Así se van sucediendo distintos destinos y nuevas velas y flores en cada nuevo destino del camión con el cadáver.

El mito estaba en plena vigencia y tal vez también la venganza y los juegos de Evita. Miles de historias y de versiones, entre la realidad y la ficción, se han contado acerca del peregrinaje de Eva. En 1956 Moori Koening viajó a Chile por órdenes del presidente Aramburu, para que la madre de Eva, exiliada allí con sus hijas, diera permiso para enterrar a Eva. Consigue el permiso pero luego no hace sino seguir cuidando él mismo la momia que al parecer había provocado en este hombre la misma fascinación o enamoramiento que en el doctor Ara. Conserva a Evita, la contempla, puede que en algún momento la haya enterrado, él mismo declaró al escritor Rodolfo Walsh, "la enterré parada, como Facundo (Facundo Quiroga, caudillo argentino) porque era macho". (...) "Es mía. Esa mujer es mía". Al fin con tantos comentarios y locuras Moori Koening fue considerado enfermo e igual que sus colaboradores fue relevado del caso.

El nuevo equipo trasladó a Eva a Europa. Nadie supo nunca dónde había sido enterrado el cadáver. El Vaticano se encargaría de todo. Semanas después un sacerdote llega a Buenos Aires con los datos del entierro en un sobre que entrega al presidente Aramburu. Éste se niega a abrirlo y lo entrega a un notario con la orden de que cuatro semanas después de su muerte se lo entregara a quien fuese el presidente en ese momento.

Perón a su vez deambuló su exilio por Paraguay, Panamá, Venezuela, República Dominicana hasta llegar a Madrid. Cuando lo derrocaron no quiso armar al pueblo, dijo que para evitar un baño de sangre, pero esos años de exilio los ocupó en adoctrinar y preparar su retorno.

Evita vuelve a casa

En 1969 surge un movimiento revolucionario a partir de lo que se llamó luego el "cordobazo", cuando la población se lanzó a las calles contra el Ejército. Surgen los peronistas de izquierda, los Montoneros. Todos tenían en común la juventud, el odio hacia las instituciones que gobernaban en ese momento. Crearon un ejército de 40 mil hombres, para enfrentar al Ejército. Les gustaba la ironía y sabiduría de Perón, quien no tardó en pensar en ellos como posible opción para que le facilitaran el retorno. De todos modos no era tanto la figura de Perón con quien se sentían representados sino con Evita. "Si Evita viviera, sería montonera", fue una de sus principales consignas. Pero la historia de Montoneros, es otra historia, el caso es que en determinado momento ellos tomaron la bandera, puede que del regreso de Perón, por qué no. Pero algo fundamental para ellos era que retornaran a Evita.

El 29 de mayo de 1970, secuestraron al ex presidente Aramburu, pues suponían que sabía el paradero del cadáver. Él mismo confesó varios de sus crímenes y al mismo tiempo que desconocía el dato que pedían, pues eso estaba en manos del Vaticano. No hizo mención, al parecer, del notario. Lo ejecutaron y expidieron un comunicado para que la familia supiera que hasta que apareciera el cadáver de Eva no aparecería el de Aramburu. Sin embargo la policía encontró los restos de Aramburu, por tanto el notario cumplió con la tarea de entregarlo al presidente de turno, en ese entonces el general Lanusse. Se puso en marcha un nuevo operativo.

El 2 de septiembre de 1971, Eva es rescatada. Había sido enterrada bajo el nombre de María Maggi de Magistris, italiana, viuda, emigrada de la argentina y muerta cinco años antes de ser enterrada en un cementerio de Milán. Eva comenzaba otro viaje hacia la injusticia. La camioneta que la transportaba cruzó la frontera italofrancesa y al llegar a España fue escoltada una vez más. Perón se enteró de todo casi en la marcha, llegando Eva a Puertas de Hierro, donde vive Perón en Madrid. Otra parte del pasado regresaba a los ojos del general, una parte no muy deseada por él obviamente. El cajón fue recibido por Perón e Isabel Perón, su mujer. Abierto, se comprobaron ciertos daños que fueron certificados por Ara y las hermanas de Evita, Blanca y Erminda. Sin embargo, nada fue dado a luz, los peronistas se cuidaron de lanzar semejante noticia y buscar culpables. Perón guardó el cadáver en la mansarda de la casa de Puertas de Hierro, donde López Rega, el nefasto ministro del período presidencial de Isabel Perón, que se atribuía poderes de brujo, con la anuencia de María Estela Martínez, más conocida como Isabel Perón y la indiferencia, o el desconocimiento del mismo Perón, practicaban rituales de magia negra, haciendo de Eva un altar.

Finalmente Lanusse levantó la proscripción al peronismo. El pueblo puede volver a elegir y se desempolvan las urnas. Héctor Cámpora gana las elecciones y gobierna por un mes. Deja su mandato cuando regresa Perón, luego de dieciocho años de exilio. El avión llegó a Ezeiza donde lo esperaba una multitud, Perón había jugado a dos puntas o más, con la izquierda, la derecha, en fin que las cosas se complicaron y salieron a poner orden, o a provocar desorden entre otras, las fuerzas que ya había organizado don José López Rega, la Triple A: Alianza Anticomunista Argentina. Un millón de personas había ido a recibir a Perón. La masacre fue atroz e imperdonable. Perón fue reelegido con Isabel Perón como vicepresidenta.

Perón no sólo había negado a los Montoneros y a toda la izquierda que había propiciado su regreso, sino que también se reservó cualquier comentario acerca de la promesa que les había hecho de regresar el cadáver de Evita. En tren de profanar y a esta altura de los acontecimientos, profanaron entonces la tumba de Aramburu y robaron el cadáver con la promesa de entregarlo sólo cuando Eva Perón volviera a casa. El enojo de Perón fue definitivo, echa a los Montoneros de la Plaza de Mayo en medio de una de sus apariciones. La guerra se declaraba una vez más.

Eva Perón regresó al país un 17 de octubre de 1974, en un vuelo charter desde Madrid. La llevaron a la quinta presidencial de Olivos, allí fue nuevamente observado el cadáver y efectuadas finalmente las reparaciones necesarias, pues mostraba indicio de tortura y vejaciones. Sin embargo esta otra Evita, remozada, reparada y vuelta a vestir con su túnica blanca y las banderas fue nuevamente echada de la quinta presidencial, el 2 de marzo de 1976, cuando el general Rafael Videla derrocó a Isabel Perón. En esa ocasión Evita fue trasladada hasta el cementerio de la Recoleta. Finalmente estaba en casa aunque nunca en paz, pues a partir de ese año 30 mil argentinos, mujeres y hombres de su patria, fueron desaparecidos, torturados y vejados, y tantos otros sumidos una y mil veces más en la miseria. Su cadáver ya no es motivo de veneración, pues desde entonces muchos otros han desaparecido y aún no han regresado a casa.

La curiosidad o fascinación que ejerce el mito "Eva Perón", provoca su estudio no sólo en relación con la historia política argentina, latinoamericana o del mundo, sino por el papel de la mujer en la historia, porque la historia nos fue mostrada según el protagonismo de los hombres, contada por ellos y desde su lugar. De este modo historiadores (as), sociólogos (as), políticos (as) y politólogos (as) e intelectuales en general se han ocupado de "Evita" desde el periodismo, la literatura, el cine o la música, desde muchas otras disciplinas y en muchas de sus facetas. Ese juego de ambigüedad entre ficción e historia, lo documental y lo imaginario, provoca y ha provocado un atractivo particular tanto en autores como lectores; la ambigüedad se da desde los orígenes en la historia de esta mujer, mujer pública, mujer política y contradictoria.

La literatura ha buscado desde los orígenes del mito "Eva Perón", o sea desde la muerte de Evita y mucho más atrás desde el nacimiento de Eva Duarte en realidad, tratando de atraparla, rodeándola y escribiéndola, reescribiendo no sólo la historia de tan controvertido personaje sino rastreando y escamoteando a la historia misma; esa historia que Eva Duarte protagonizó acaso como si no hubiese sido la propia, desde donde fue juez y parte, protagonista de esa otra historia que transcurría en aras del mito "Eva Perón".

No sólo Rodolfo Walsh, periodista y escritor argentino, ha escrito sobre el tema, aunque sí ha sido tal vez el primero en escribir un cuento acerca de Evita, "Esa mujer". Luego se ha escrito mucho sobre Eva, sumando y construyendo una parábola que nos alejó de ese cuerpo político, símbolo y objeto de luchas, acercándonos a una figura más despolitizada y centrada en su condición de mujer símbolo, de mito.

# CRONOLOGÍA

1919: María Eva Duarte nace el 7 de mayo en Los Toldos, Provincia de Buenos Aires, Argentina.

1926: Muere su padre Juan Duarte sin haber reconocido como hija a Eva ni a sus hermanos.

1932: A los 13 años se traslada con su familia a Junín.

1934: Conoce a Agustín Magaldi, popular cantante argentino que al año siguiente la conectará en Buenos Aires con el ambiente artístico.

1935: Viaja a Buenos Aires para convertirse en actriz de radioteatro y cine.

1936: Recorre varias provincias del interior del país con una compañía teatral.

1937: Comienza su actividad radial y debuta en un radioteatro.

1939: Realiza su primer papel protógonico en la radio.

1942: Le ofrecen su primer papel en cine en la película *Una novia en apuros.*

1943: Con un grupo de compañeros de radio crea la Asociación Radial Argentina que ella misma preside, dando sus primeros pasos en la lucha social.

1944: Conoce al coronel Juan Domingo Perón.

1945: Se casa con Juan Domingo Perón y lo acompaña en su campaña electoral por todo el país.

1946: A partir del momento en que Perón asume la Presidencia de la Nación, Eva Perón inicia el trabajo social y su lucha por los derechos de la mujer.

1947: El 23 de septiembre Evita presenta al Congreso la Ley 13.010, que promueve el derecho al voto de la mujer y su participación política.

1948: Colabora con la Confederación General de Trabajadores y, desde la Fundación de Ayuda Social María Eva Duarte de Perón o Fundación Eva Duarte, crea policlínicos, escuelas, hogares de tránsito y de ancianos, la Ciudad Infantil y la Ciudad Estudiantil, colonias de vacaciones y espacios de esparcimiento para los trabajadores y sus familias. Se ocupa personalmente de los problemas de los más necesitados estableciendo con ellos una relación que no tuvo ni tendrá paralelos en la historia Argentina.

1947: Viaja a Europa representando a Perón y es homenajeada en España, Italia, Ciudad del Vaticano, Francia, Portugal y Suiza. De regreso también es recibida con honores en Brasil y Uruguay.

1949: El 26 de julio, Eva dispuso un censo de mujeres peronistas en todo el país con la finalidad de organizar la primera Asamblea Nacional del Movimiento Peronista Femenino en el Teatro Cervantes.

1950: Aparecen los primeros indicios de su enfermedad. Es intervenida por apendicitis, operación en la que le descubren un cáncer de útero.

1951: Impulsa la participación de las mujeres en política y crea el Partido Peronista Femenino; el 22 de agosto se la propone como candidata para las elecciones de noviembre, renuncia a serlo el 31 de agosto de ese mismo año; el 3 de noviembre es internada por Perón, a causa de su gran debilidad; le llevan al mismo hospital la urna para votar por primera y única vez.

1952: El 1 de mayo, Eva se dirige por última vez a sus seguidores. Muere el 26 de julio, empieza el mito.

# Bibliografía

Camarasa, Jorge, *Amores argentinos*, Editorial Planeta, Buenos Aires, 1998.

Ciria, Alberto, *Política y cultura popular*, Ediciones de la Flor, Buenos Aires, 1983.

Dujovne Ortiz, Alicia, *Eva Perón, La biografía*. Aguilar, Buenos Aires, 1995.

Gálvez, Lucía, *Eva Perón: la argentina más famosa... de Las mujeres y la patria*, Editorial Norma, Bogotá, 2001.

Luna, Félix, *Breve historia de Argentina*, Editorial Planeta, Buenos Aires, 1995.

Perón, Eva, *Por qué soy peronista*, CS Ediciones, 1996.

————, *Yo Evita*. CS Ediciones, 1996.

Posse, Abel, *La pasión según Eva*, Emecé Editores, Buenos Aires, 1994.

Varios autores, *Historia crítica de los partidos políticos argentinos*, Hyspamérica Ediciones, Buenos Aires, 1986.

Zito Lema, Vicente, *Eva Perón hoy, su ideología. Una alternativa de liberación*, Cuadernos de Fin de Siglo, 1989.

# SUMARIO

Este libro se terminó de imprimir en el mes de noviembre
del año 2004 en los talleres bogotanos
de Panamericana Formas e Impresos S.A.
En su composición se utilizaron tipos
Sabon, Bodoni Poster y Akzidens Grotesk
de la casa Adobe.